O valor das
EXPERIÊNCIAS

Edição e distribuição: **EDITORA EME**
Caixa Postal 1820 – CEP 13360-000 – Capivari-SP – Fone/fax: (19) 3491-7000 / 3491-5449
E-mail: vendas@editoraeme.com.br – Site: www.editoraeme.com.br

Solicite nosso catálogo completo, com mais de 400 títulos, onde você encontra as melhores opções do bom livro espírita: literatura infantojuvenil, contos, obras biográficas e de autoajuda, mensagens espirituais, romances palpitantes, estudos doutrinários, obras básicas de Kardec, e mais os esclarecedores cursos e estudos para aplicação no centro espírita – iniciação, mediunidade, reuniões mediúnicas, oratória, desobsessão, fluidos e passes.

Não encontrando os livros da EME na livraria de sua preferência, solicite o endereço de nosso distribuidor mais próximo de você através do fone/fax ou e-mail acima.

Cessão dos Direitos Autorais

Os direitos autorais desta obra foram cedidos pela autora, Wanda A. Canutti, para a Editora EME, o que propicia à Editora vender o livro com preço mais acessível e manter campanhas de preço especial aos Clubes do Livro do Brasil. Essa cessão auxilia, ainda, na manutenção dos seguintes serviços:

Centro Espírita "Mensagem de Esperança"

*Avenida Brigadeiro Faria Lima, 1080 - Vila Fátima - Capivari-SP
Reuniões espíritas às segundas-feiras às 20h., com palestra, passes e evangelização infantil.
Curso de desenvolvimento mediúnico às quartas-feiras, às 20h.
Trabalho de desobsessão às quintas-feiras, às 20h.
Distribuição de cestas básicas a famílias que atravessem dificuldades momentâneas.*

Central de Educação e Atendimento da Criança

*Rua da Glória, 97 - Bairro São Luís - Capivari-SP
Em parceria com algumas empresas de Capivari a Editora EME mantém a CEAC, também conhecida como Casa da Criança, instituição filantrópica, fundada em 27 de setembro de 1994, que oferece alimentação diária a crianças e gestantes carentes do Bairro São Luís.*

Escola profissionalizante

A Editora EME mantém convênio com a AEDHA - Associação de Educação Homem de Amanhã, Rua Ismael Bueno de Oliveira, 83 - Vila Souza - Capivari-SP, oferecendo vagas, em seu parque gráfico, para jovens entre 16 e 18 anos, com vistas à sua profissionalização.

Wanda A. Canutti pelo espírito Eça de Queirós

O valor das EXPERIÊNCIAS

Capivari-SP
— 2009 —

O valor das experiências
Wanda A. Canutti pelo espírito Eça de Queirós

3ª edição – outubro/2009 – Do 8.001 ao 10.000 exemplares

Capa:
Danilo R. Perillo

Revisão:
Izabél Camargo
Léa Fazan

Diagramação:
Vinicius Giacomini Pinto

Nova Ortografia:
Livro revisado de acordo com o
Novo Acordo Ortográfico da Língua Portuguesa.

——————————— Ficha Catalográfica ———————————

Canutti, Wanda A.
O valor das experiências, Wanda A. Canutti pelo espírito Eça de Queirós, (1ª edição – junho/2009), 3ª edição – outubro/2009, Editora EME, Capivari-SP.
248 p.
1 – Romance mediúnico. Espiritismo.
2 – Lei de evolução e lei de causa e efeito.

CDD 133.9

Sumário

O valor das experiências 7
I. Ruína 9
II. Ruídos assustadores 21
III. Em atividade de auxílio 35
IV. A execução da tarefa 53
V. Esperanças novas 69
VI. Tarefa cumprida 83
VII. O imperativo da reencarnação 95
VIII. Cumprindo o plano 107
IX. Uma surpresa 123
X. O passado que volta 135
XI. Tentativa bem sucedida 147
XII. Situação desagradável 159
XIII. Agindo nas sombras 173
XIV. Pedido de auxílio 189
XV. Missão importante 201
XVI. A outra parte 219
XVII. Benesses espirituais 233

O valor das experiências

Tudo o que vamos aprendendo com as experiências vividas, fica armazenado em nós como conquistas prontas a nos auxiliar nos momentos difíceis.

Cada experiência bem sucedida e incorporada ao Espírito é um manancial à nossa disposição, para que o utilizemos em nossas necessidades.

A vida sempre apresenta surpresas que nos alegram, mas também, como seres humanos em evolução, temos as que nos preocupam, que nos ferem, que exigem de nós uma cota maior de sacrifício e entendimento, a fim de que as enfrentemos com serenidade e aceitação, e delas tiremos as lições que nos serão benéficas.

Se soubermos, de cada experiência desagradável, retirar o melhor para o nosso Espírito, com o passar do tempo, verificaremos que ela nos foi benéfica.

Cabe a nós, pois, transformar os nossos momentos, sabendo ver em cada um a oportunidade que o Pai está nos proporcionando para o nosso aprendizado e, consequentemente, para o nosso progresso espiritual.

Wanda A. Canutti pelo espírito Eça de Queirós

A vida na Terra está a nos oferecer constantemente experiências novas a fim de que sejamos um ser completo em entendimento, em compreensão, em discernimento e equilíbrio, pois só assim estaremos preparados para enfrentar o que nos advém, como testes para verificar o que aprendemos.

E é de teste em teste que compomos a nossa existência.

Se, ao chegar, trazemos já uma certa bagagem de experiências vividas em outras existências, ao nos retirarmos, levaremos uma bagagem muito maior. Estaremos mais preparados, e o nosso Espírito mais evoluído.

Esta é a finalidade maior de cada existência terrena – a evolução que cada um deve realizar, porque, como filhos de Deus, um dia devemos nos reunir todos em torno d'Ele, como filhos pródigos que retornam, tendo cumprido bem as suas tarefas e progredido bastante.

Se assim soubermos viver, se de cada experiência retirarmos o melhor para nós, nossas dificuldades serão vencidas num tempo menor, e o dia de estarmos em torno do Pai chegará mais rápido, trazendo-nos a felicidade tão almejada.

Eça de Queirós
Araraquara, 27 de dezembro de 2001

I

Ruína

Os dias transcorrem ininterruptamente, cada um trazendo alegrias, tristezas e surpresas – umas desagradáveis, outras extremamente felizes. E todos os que se encontram encarnados na Terra vão recebendo, a cada instante, no transcorrer das horas, o seu impacto com as sensações que elas vão deixando, e, com isso, vão construindo o cabedal de experiências que o Espírito deve acumular.

Às vezes, num minuto, somos surpreendidos por um fato que não esperamos. De outras, espera-se um acontecimento praticamente a vida toda, o que, segundo o que espera, lhe traria uma vida melhor, mais fácil, menos rude, ou algum ente querido que modificaria a sua vida, tornando-a mais plena de sentimentos de amor, e o tempo passa e nada acontece.

Mas, de outras ainda, em apenas um minuto, uma surpresa desagradável nos surpreende e deixa no nosso coração uma dor tão intensa que muito tempo deverá passar para que amenize.

Por que a vida se compõe de tantos momentos diferentes?

Por que uns lutam tanto e nada conseguem do que desejam, enquanto a outros tudo parece sorrir?

Por que uns têm tantas oportunidades, enquanto para outros tudo é negado?

Estaria Deus descuidando de Seus filhos encarnados na Terra e proporcionando a uns a felicidade, esquecendo-se dos outros, deixando-os sofrer?

Mas não é Deus a bondade infinita, a maior perfeição que existe no universo criado por Ele mesmo?

Por que tantas diferenças de oportunidades e por que, também, tantas diferenças de comportamento, de atitudes e de reações diante de uma mesma situação?

Para todas estas perguntas há uma resposta, uma apenas e, para os que conhecem a reencarnação, é muito fácil.
– É o nível evolutivo em que cada um se encontra.

Para os que nada conhecem sobre as vidas sucessivas é um pouco mais complexa a nossa explicação, mas procuraremos dá-la de forma simples para que nenhuma dúvida mais reste a respeito das diferenças que existem na Terra, tanto de inteligência, como de oportunidade e de reação, diante de cada circunstância.

Todos devem saber, pelo menos, que somos Espírito que possui um corpo, a fim de que estagiemos por um período na Terra, onde faremos o nosso aprendizado, conquistaremos as nossas virtudes e ressarciremos nossos débitos a fim de progredirmos.

Se somos Espírito, que é imortal, e temos um corpo que é passageiro, perecível, todas as conquistas que fare-

O valor das experiências

mos serão para o Espírito, e nele permanecerão quando o corpo perecer.

Em assim sendo, o mesmo Espírito que animou um corpo, ao passar algum tempo, retorna em outro, recomeça uma nova existência terrena, tem novas oportunidades de progredir, de se aprimorar. E assim acontece sucessivamente, até que um dia, liberado de todos os seus débitos e evoluído, não mais precisa retornar à Terra e vai a outros mundos mais adiantados e mais felizes, cumprir sua vida de Espírito imortal, sempre em evolução.

Essa deveria ser a sucessão natural de encarnações, se todos aqueles que se encontram na Terra trabalhassem e se aprimorassem pensando no Espírito.

Entretanto, muitos, em aqui estando, por não imaginarem que ele retorna muitas vezes à Terra, e que não estão vivendo uma existência única, supõem que devam aproveitá-la em tudo o que ela lhes oferece e malbaratam a sua vida com atitudes estouvadas e menos nobres, e, com isso, comprometem-se diante de Deus.

Por não se interessarem por nada acerca da vida além da vida, em nada melhoram, e partem desta Terra do mesmo modo em que aqui chegaram, sem nada terem progredido, sem nada terem conquistado para seus Espíritos. Muitos ainda partem em piores condições do que ao chegarem, porque levam o compromisso das más ações praticadas, dos prejuízos ocasionados, sem se darem conta de que tudo o que se faz de mal aos outros, está se fazendo, em primeiro lugar, para si próprios.

O importante é que aproveitemos a oportunidade terrena com todas as possibilidades que ela possa nos oferecer. Mas que o façamos com o pensamento cristão, esforçando-nos para nos aprimorar cada vez mais, praticando boas ações, cuidando das nossas tarefas e responsabilidades, que aqui não estamos a passeio mas cumprindo mais uma etapa para a nossa evolução espiritual.

Os que assim procedem, deixam este orbe melhores do que ao chegar, porque souberam aproveitar o ensejo que Deus lhes concedeu e, com as próprias atitudes cristãs, souberam aceitar e compreender as adversidades como necessárias ao seu aprimoramento, uma vez que aqui vimos também para ressarcir erros. Partem felizes e são recebidos com amor e alegria por aqueles que os precederam e acompanharam as suas ações aqui na Terra.

Quando retornam para um novo estágio neste mundo de provas e expiações, estão mais fortificados e mais preparados para enfrentar o que ainda lhes restar em provas, do tempo em que não conheciam Jesus e não cuidavam das suas ações.

Diante disso, é do nosso mais profundo interesse nos esforçarmos para fazer o melhor enquanto aqui estivermos, a fim de que o nosso Espírito se veja liberado de todos os seus compromissos o mais rápido possível, pois só assim é que seremos felizes.

Depois deste preâmbulo, necessário para que cada um pense com carinho e cuidado na sua missão aqui neste orbe, porque aqui não viemos aleatoriamente mas para cumprir uma programação, que, dependendo de nós, se torna cada vez menos árdua e mais feliz, nós vamos ao local onde a nossa história se passará. E assim, voltaremos no tempo um período que pode parecer longo para alguns, mas que para o Espírito, pelas suas próprias características de imortalidade, muito pouco representa.

Para sermos mais precisos a fim de que os nossos leitores possam começar a colocar as personagens no lugar e

O valor das experiências

no tempo da ação, vamos chegando a uma cidade da França, há cerca de dois séculos atrás, quando a monarquia havia perdido o poder e o país estava nas mãos daqueles que promoveram a sua mudança política, apesar de que, para muitos, nada havia mudado.

As lutas eram as mesmas. As dificuldades, em certos aspectos, eram maiores, mas todo período de transição, até que se acomode e comece a mostrar seus frutos, leva muito tempo. E, enquanto a paz e a ordem não se estabelecem como regra no coração de cada um, é mais difícil que se estabeleça no país.

Assim, ainda havia dificuldades. As decorrentes das mudanças operadas no país e as outras que são comuns a todos os povos, a todas as pessoas, seja em que país for, porque a luta pela vida não é fácil, mesmo para os que são mais abastados.

Cada um que aqui está encarnado, se encontra em trabalho evolutivo, e dele fazem parte as conquistas dentro das boas ações, como também as provas para que o Espírito demonstre o que aprendeu, o que será capaz de suportar para o ressarcir de débitos.

Mas Deus, na sua infinita misericórdia, permite a Seus filhos que aqui estão neste campo de lutas, muitos momentos felizes para suavizar os outros. Permite que muitas almas afins se reencontrem para que uma viva do alento da outra e lhes dê forças nas horas difíceis, ajudando-as a transpô-las. Permite-lhes o aprimoramento da inteligência para facilitar-lhes a vida. Enfim, apesar de estarmos num campo de lutas promovendo o nosso aprimoramento, resgatando débitos, temos momentos de muita felicidade que abastecem o nosso Espírito e nos auxiliam a suportar os outros mais cruéis.

Wanda A. Canutti pelo espírito Eça de Queirós

Feitas essas colocações, para que todos os que aqui se encontram saibam que estão sob os olhos do Pai que os protege, ampara e auxilia de todas as formas, a fim de que cada um cumpra a sua programação de vida dentro das necessidades reencarnatórias que traz; que possam aproveitá-la integralmente, sabendo que não estão sós, por mais possa parecer, para que nunca haja a revolta nem o desespero, porque nenhum de Seus filhos é esquecido, apesar de que muitos é que se esquecem d'Ele, vamos ao encontro das nossas personagens.

O lar que vamos visitar, neste momento, outrora já fora abastado e todos gozavam de uma posição invejável dentro da monarquia francesa. Mas, com a mudança dos tempos, tudo se diluiu como se diluem as horas e os minutos no transcurso dos dias e nenhum mais retorna.

O chefe da família, outrora orgulhoso da sua posição, impiedoso com os subalternos, hoje era um velho que nada mais possuía. – Nem posição, nem dinheiro, nem mesmo a saúde, apesar de que o orgulho da posição que já desfrutara não se modificara, auxiliando que a revolta se instalasse mais fortemente no seu Espírito.

Era um velho amargo, sempre irritado e revoltado com tudo e com todos, e os membros da sua família, antes partícipes da abastança e do prestígio, também tinham que suportar a ira que ele demonstrava a todo instante.

A sua esposa, mais frágil, mais sensível e com a saúde abalada, não suportou tantos revezes e já deixara a vida de encarnada. Restara uma filha que nunca contraíra matrimônio e também era triste e calada, e mais três filhos homens, dois dos quais haviam se casado e tinham suas próprias famílias. E um deles, o mais novo, permanecia no lar, nada fazia e ainda dava desgostos ao pai e à irmã.

O valor das experiências

A vida naquele lar era difícil. Não tinham de onde tirar o sustento de todos e passavam, às vezes, necessidade.
As joias de família já haviam sido vendidas por um preço irrisório, porque os tempos eram difíceis e ninguém empregava dinheiro em supérfluos quando lhes faltava para o necessário. Assim mesmo havia alguns que se aproveitavam da situação de precariedade em que viviam e pagavam-lhe quase nada, mas era com o que podiam contar, e as joias eram vendidas.
O mesmo havia acontecido com as porcelanas vindas de terras longínquas, as sedas e tudo o mais que pudesse ser revertido em algum dinheiro.
Os dois filhos casados tinham suas próprias casas, e, talvez, pela condição de responsáveis que deveriam ser pelas suas famílias, esqueceram-se da glória do nome famoso, da posição que um dia tiveram e foram à luta.
Começaram com um trabalho rude com o qual não estavam habituados, para terem o sustento de seus familiares, e já haviam se acomodado financeiramente, pelo menos para as necessidades do lar e da família, e, constantemente, em visita ao pai, colocavam na mão da irmã algum dinheiro.
Não se conformavam com a vida do irmão mais novo. Quando visitavam o pai, nunca o encontravam em casa. Se o faziam à noite porque durante o dia trabalhavam, ele já havia saído. Se o faziam aos domingos, também não o viam porque estava dormindo, descansando da noite de orgias, preparando-se para desfrutar da próxima.
Só não sabiam como ele fazia, porque, até para orgias, para uma vida desregrada, é preciso de dinheiro, às vezes, muito mais do que se gasta para o sustento de uma família inteira. Ele passava o seu tempo em mesas de

jogo, envolvido com cartas e roletas, e, às vezes, ganhava algum dinheiro; de outras, perdia e ficava devendo. As dívidas sempre eram maiores que os lucros. Só não jogava se não encontrasse ninguém disposto a lhe adiantar algum dinheiro.

Essa era a sua vida. Mesmo dentro do lar, pouco o viam. O pai sempre perguntava por ele, e a irmã procurava dar alguma desculpa para não aborrecê-lo ainda mais.

A casa era triste e silenciosa. Ouvia-se uma voz mais alta apenas quando o velho se irritava, e, mesmo doente e enfraquecido, esbravejava a altos berros.

A filha estava cansada da vida que levava, e, constantemente, no silêncio do seu quarto, chorava muito. Os anos haviam passado, nenhum pretendente lhe aparecera. Estava já com uma idade que, com certeza, não se casaria mais. As esperanças frustradas, o ambiente doméstico sem prognóstico de mudança para melhor, deixava-a mais triste, porém, tinha que continuar vivendo. O pai era dependente dela, o irmão também, embora com ele não se preocupasse porque não merecia, mas sempre era mais um no lar para lhe dar trabalho e nenhuma palavra de alento, nenhum momento de alegria.

Dentro dessas explicações, a vida naquele lar foi prosseguindo da mesma forma, com as mesmas dificuldades, frustrações e desesperanças.

O irmão que pouco se importava com a família, continuava a vida desregrada e perigosa.

Quem vive em mesa de jogo sem ter o necessário lastro financeiro para poder dilapidar no vício, acaba fazendo dívidas que nem todos perdoam e exigem pagamento.

Numa dessas ocasiões em que apostava uma grande quantia, esperando ganhar, acabou por perder. O seu par-

O valor das experiências

ceiro exigia pagamento imediato e, como ele nada possuía, de uma pequena altercação passaram à agressão física.

Nesses momentos os contendores perdem o respeito um pelo outro, não se pensa mais no que se diz ou no que se faz, tão transtornados ficam, que o ganhador, irritado, sacou de uma arma e atirou nele ali mesmo, deixando-o imóvel no chão, esvaindo-se em sangue.

Quando percebeu que a situação era grave e que todos acorreram para socorrer o ferido, ele fugiu imediatamente.

O que recebera o tiro nunca mais se ergueu. A polícia foi chamada, a família avisada, e terminava, assim, aquela situação em que ele vivia. Mas acabava de modo vergonhoso para uma família que sempre tivera orgulho do nome, mesmo sem nenhuma representatividade na sociedade da época, que tanto se modificara e não dava mais valor a nomes e sim ao que poderiam conquistar para sobreviver.

O pobre velho ficou mais abalado ainda com esse acontecimento, e sua saúde se ressentiu muito. Em pouco tempo não se levantou mais do leito, complicando a situação da filha, a única que a casa possuía para cuidar dele, conquanto os dois irmãos sempre o visitassem mas pouco podiam fazer pelas próprias obrigações de trabalho.

Entretanto, essa situação não perdurou por muito tempo. Logo ele piorou ainda mais, e, numa manhã, ela o encontrou sem vida.

Apesar de tudo o seu desespero foi grande. Mandou chamar os irmãos que vieram imediatamente, tomaram as providências relativas ao corpo, e, no fim da tarde, foi retirado de casa e levado para ser sepultado junto da esposa e do filho, deixando-a mais sozinha e desolada.

A sua situação era deveras difícil.

Wanda A. Canutti pelo espírito Eça de Queirós

Os irmãos retornaram depois dos funerais que ela não quis acompanhar, e quiseram levá-la para suas casas, mas ela recusou-se sair do lugar onde vivera tantos anos.

— Você não pode ficar aqui sozinha! - argumentou Michel, o mais velho dos dois.

— Nós temos obrigação, agora, de cuidar de você! - falava o outro.

— Tanto em minha casa quanto na de Augusto, você estará bem! - insistia o mais velho.

— Não quero sair daqui! Esta casa está cheia de recordações e delas viverei de agora em diante.

— Em nossa casa estará melhor! Aqui não há mais nada que a prenda, a não ser as recordações, como disse. Mas estas, você as leva no coração, não precisa ficar aqui para vivê-las! - falou o próprio Augusto, indagando. - O que devemos fazer para que aceite o nosso convite? Se não quer ficar em minha casa, vá com Michel.

— Augusto tem razão! Pelo menos por alguns dias, até que passe este primeiro momento, você ficará comigo, depois decidirá o que fazer. Nós a receberemos com alegria. Você sabe que Josefina gosta muito de você!

— Eu compreendo a preocupação de vocês, mas prefiro ficar aqui!

— É muito triste viver só, numa casa!

— Minha vida sempre foi triste e continuará sendo onde quer que eu esteja!

— Ao menos conosco estará mais protegida. Você sabe que a Luzia também gosta de você.

— Eu sei e agradeço o empenho de ambos, mas, por enquanto, vou ficar aqui. Depois, conforme me sentir, se decidir, me mudarei com vocês ou passarei uns tempos com cada um.

O valor das experiências

— Vejo que não há o que a convença, e não adianta insistir mais. - considerou Michel.
— Vamo-nos, então! - exclamou Augusto.
— Saiba que não vamos tranquilos deixando-a aqui, mas foi você mesma que escolheu.
— Só espero que continuem a me ajudar, do contrário não terei como sobreviver.
— Isto o faremos, mas repito, em nossa casa estaria melhor.

II

Ruídos assustadores

A partir daquele instante a vida de Julie passou a ser mais triste, mais solitária e mais desesperançada.

A casa ficara grande demais só para ela. O dia era longo e as horas intermináveis.

Depois que se ocupou colocando a casa em ordem, arrumando o quarto do pai, desfazendo-se do que lhe pertencia, nada mais restava a fazer.

O trabalho rotineiro do dia a dia ela realizava-o em pouco tempo, e o resto, não sabia o que fazer.

Nunca fora prendada para fazer trabalhos que a maioria das mulheres gostam; nunca precisara aprender nada por obrigação porque a família podia oferecer-lhe o que desejasse, mas agora, que se via só, sem meios de subsistência se os irmãos não a ajudassem, ela começava a arrepender-se de nunca ter aprendido nada.

Às vezes tentava um trabalho de agulhas e linhas para

algum bordado, mas, com sua falta de jeito, acabava se espetando, e, irritada e impaciente, largava tudo. Tomava alguma outra ocupação, limpava o que já havia limpado para passar o tempo, mas estava muito difícil.

Os irmãos visitavam-na com frequência, revezando-se para que ela tivesse mais a companhia de alguém para suavizar sua solidão. Levavam, às vezes, as esposas que reiteravam o convite dos maridos para que se mudasse com eles, mas até então Julie nada havia decidido.

Michel, o mais velho, havia se casado há mais tempo e nunca tivera filhos por mais desejasse, tanto ele quanto a esposa.

Augusto possuía apenas um rapaz que não dava muita importância à tia, como nunca dera ao avô, ocupado sempre com seus estudos e os próprios afazeres.

Com ele, o pai não precisava preocupar-se porque era esforçado e não lhe dava trabalho. Era responsável pelo que fazia e queria sempre ir melhor.

A família, que outrora fora grande, reduzia-se cada vez mais, e a sua descendência pouco também aumentara, apenas um herdeiro.

Fortuna não havia mais, mas o filho de Augusto herdara ao menos o nome que um dia fora respeitado na corte francesa, conquanto atualmente nada significasse para ninguém, nem para lhes abrir as portas diante de uma necessidade qualquer.

Amizades antigas não as havia mais. Quando se está bem e se desfruta de uma posição elevada e invejável numa sociedade, todos procuram aproximar-se porque, estando junto de quem tem projeção, lhes parece que também a terão.

Porém, desde que o interesse deixou de existir porque

O valor das experiências

nada mais possuíam para oferecer a ninguém, os que se diziam amigos afastaram-se.

A situação que o país enfrentava favorecia, também, a que cada um procurasse sua própria vida, se esforçasse para conseguir meios de subsistência, que era muito mais importante que procurar projeção dentro de uma sociedade falida que nada mais podia oferecer-lhes.

Nem de casa, Julie saía, a não ser para alguma compra e nada mais. Nem o hábito de ir à igreja, tinha.

Quando se está bem, esquece-se de Deus, de orar, e quando se está mal, se o hábito não foi criado, também não se lembra d'Ele.

Alguns meses passaram assim, mas, de repente, alguma coisa começou a mudar na casa.

Julie, que ficava só, sem medo, sem preocupação por ver-se sem companhia, estava amedrontada.

Vez por outra, durante a noite, ouvia ruídos estranhos que não conseguia definir o que era, nem de onde vinham.

A primeira vez levantou-se, andou pela casa, mas nada encontrou.

Com o passar das noites foi ficando assustada, e, quando ouvia o barulho, cobria-se mais e ficava imóvel com medo de que alguma coisa pudesse lhe acontecer.

Já havia até comentado com os irmãos o que estava havendo, mas eles, incrédulos, levaram à conta da solidão em que ela estava vivendo, imaginando coisas pela falta do que fazer.

— Se tivesse se mudado com um de nós e deixado esta casa, nada disso aconteceria. Você estaria tranquila e teria suas noites de repouso sem medo algum.

— Talvez você tenha razão, mas sinto que meu lugar é aqui. É a nossa casa, os nossos pertences estão aqui, e,

Wanda A. Canutti pelo espírito Eça de Queirós

se me mudasse, teria que me desfazer de tudo e eu não gostaria. É o pouco que nos restou, do qual papai gostava muito e devemos conservar.

— Hoje os tempos são outros, a situação é outra e não devemos nos apegar a coisas que nada mais significam.

— Para vocês, talvez, porque já deixaram esta casa há tempos, mas para mim que sempre vivi aqui, são importantes.

— E por causa do que possui aqui, passará suas noites assustada e com medo?

— Cada noite eu espero que não vá ouvir nada, e, de fato, algumas há que não ouço nenhum barulho. Quando assim acontece, penso que nada mais ouvirei, porém, na seguinte, como querendo recuperar o tempo perdido, quem ocasiona esses barulhos, o faz com muito mais intensidade.

— O que precisamos fazer para que abandone esta casa?

— Por enquanto nada! Vou insistir em ficar mais algum tempo. Se não conseguir, eu a deixarei. Só queria saber o que provoca esse barulho que ouço quase todas as noites.

— Pode ser que você imagina que ouve e nada há na verdade! É a solidão em que vive que a deixa assim!

— Você quer dizer que estou ficando louca?...

Os irmãos de Julie tinham pena por ela viver sozinha num lugar de tantas recordações e que passava, agora, como refúgio de fantasmas, conforme ela considerava. Mas receavam que a irmã, justamente pela vida que estava vivendo, resultado da teimosia de permanecer na casa, pudesse estar com a mente perturbada.

As noites eram longas e ela pouco deveria dormir. E quando se está acordado, no silêncio profundo de uma

O valor das experiências

noite escura, criam-se fantasmas, aqueles mesmos que estão dentro de nós, que os liberamos e lhes damos vida, ouvindo até o barulho que ocasionam.

Julie, porém, tinha certeza de que não era nada disso. Compreendera que os irmãos não lhe deram crédito mas os ruídos lá estavam amedrontando-lhe as noites, fazendo-a esperar com ansiedade que as horas passassem rápidas para que desaparecessem, com medo, talvez, da claridade que os incomodava.

Como convencer os irmãos de que não eram resultado da sua imaginação, ela não sabia.

Poderia até pedir que um deles viesse passar uma noite ali, mas como vez por outra nada ouvia, poderia acontecer isso e ela ficaria desmoralizada perante ele, que concluiria com mais facilidade que os ruídos nada mais eram que resultado da sua imaginação.

E assim os dias transcorriam, as noites ameaçadoras chegavam, as horas se escoavam, os ruídos continuavam.

Interessante é que ela, às vezes, demorava para conciliar o sono, com o ouvido atento.

Quando imaginava que nada mais houvesse e que quem os provocava, cansado, tivesse ido embora de vez, ela despreocupava-se e era vencida pelo sono.

Entretanto, mal começava a dormir, era despertada abruptamente pelos ruídos que não conseguia definir de onde vinham nem como eram provocados. Se quisesse explicar a alguém, imitando um deles, não conseguiria, tão indefinidos e estranhos eram.

Nas suas horas de vigília, amedrontada, pensava que se fosse para a casa dos irmãos, talvez nada mais acontecesse e ela ficaria tranquila o resto de sua vida.

Mas e a casa? Como abandoná-la depois de tantos

anos? O único bem que conseguiram conservar em meio aos acontecimentos no país, quando muitos tiveram suas propriedades confiscadas.

Era óbvio que ela não apresentava mais a exuberância de outrora. Precisava de reparos que o desgaste do tempo vai deixando marcas, mas nunca mais puderam fazer nada para a sua conservação. Porém, era muito bem construída, com estruturas sólidas, e ainda importante para Julie. Era a casa em que nascera e fora criada e não queria desfazer-se dela.

Assim pensava sempre, ao convite dos irmãos, mas uma ideia lhe ocorreu que, talvez, pudesse amenizar um pouco o que vinha sofrendo.

Em vez de deixar a casa e mudar-se de vez com os irmãos, por que não fechá-la temporariamente e passar uns tempos na casa de um deles?

Era uma ótima ideia. A casa ali permaneceria e, aqueles que provocavam os ruídos, não tendo mais assistência para a sua performance, se aborreceriam e iriam embora de vez. Aí ela retornaria e retomaria a sua vida de sempre.

Os irmãos ficaram satisfeitos com essa ideia, imaginando que depois, sentindo-se bem e tranquila, não quereria mais voltar.

Aí se desfariam de tudo o que a casa possuía, vendê-la-iam e aquele assunto ficaria encerrado para sempre.

Os dois colocaram-se à disposição dela mas Julie decidiu-se que iria passar uns tempos na casa de Michel, o mais velho dos dois. Não que gostasse mais dele que de Augusto, mas justificou-se dizendo que iria junto do mais velho para que o outro compreendesse sem imaginar que estava sendo preterido por outras razões. Contudo, prometeu que iria passar também alguns dias em sua casa.

O valor das experiências

Animada com essa resolução, arrumou o de que precisaria para alguns dias e esperou que o irmão fosse buscá-la.

À noite ele cumpriu o combinado e levou-a para sua casa.

Naquela noite Julie quis deitar-se cedo. Andava cansada e necessitava de um longo repouso.

A cunhada, compreendendo a situação, falou-lhe:

— Amanhã de manhã não tenha pressa de levantar-se. Fique na cama o quanto lhe aprouver, descanse bastante que você está precisando.

Julie foi para o seu quarto, aliviada e feliz, prognosticando para si mesma um repouso reparador pela noite de sono que teria.

Pela despreocupação dormiu logo.

O irmão e a cunhada também se deitaram cedo, porque o dia de trabalho era cansativo e precisavam levantar cedo.

Quando todos dormiam e o silêncio da casa era profundo, eis que Julie é despertada pelos mesmos ruídos que ouvia em sua casa.

Assustada, ela exclamou de si para consigo:

— Estarei ficando louca como meus irmãos imaginaram? Como aqui o barulho é idêntico se nunca ninguém ouviu nada?

Amedrontada, ficou quietinha na cama, mas logo ouviu que Michel batia à porta de seu quarto perguntando se ela estava bem.

— Entre, Michel! Estou assustada, o barulho continua aqui também!

— Também ouvimos, mas procurei e nada vi! – explicou o irmão.

— Agora tenho a certeza de que não é da minha imaginação!

— Mas deve ser de alguma coisa que a acompanha! O barulho não tem nada com a casa mas com você!
— Tenho medo, Michel! Por que está acontecendo isso comigo?
— Não podemos saber!
— O que farei agora?
— Não sei, mas Josefina também está amedrontada.
— Amanhã mesmo irei embora. Não quero perturbar a paz de ninguém. Se esse barulho é por minha causa, não adianta ficar aqui.
— Estando juntos você o enfrentará melhor!
— Assustando os outros? Isto eu não quero. Vá ficar com Josefina que precisa da sua companhia!
— Está bem, mas se precisar é só chamar!
— De que adiantará?

Naquele resto de noite Julie não conseguiu mais dormir. O barulho continuou e, como na sua casa, vinha ora de um ponto ora de outro, ora mais suave, ora mais forte, tirando a paz de todos no lar.

Pela manhã, assim que as claridades se derramaram sobre toda a natureza, os ruídos cessaram e Julie levantou-se.

Aprontou-se para ir embora mas queria esperar o irmão levantar-se.

Enquanto esperava, olhava de um lado a outro desejando descobrir algum pequeno ponto que fosse, de onde partiram os ruídos, mas era impossível, nada descobriu. Eles eram estranhos, não tinham um ponto certo de origem e ninguém conseguiria imitá-los.

Quando Michel se levantou, ela já estava preparada e avisou-o de que voltaria para a sua casa.

Josefina ainda dormia, o que conseguiu fazer quando a casa silenciou, e o marido não quis despertá-la.

O valor das experiências

Cansado pela noite mal dormida, Michel ainda insistiu para que ela ficasse, pelo menos não estaria só. Mas ela disse que não tinha o direito de levar problemas à sua casa, tirando-lhes a paz do repouso tão necessário a quem trabalhava.

Ele nada pôde fazer para convencê-la, mas prometeu que à noite a visitaria pois precisariam conversar. Quem sabe tomar alguma providência para que aquela situação se modificasse.

— Nada há a fazer! – exclamou ela.

— Irei e conversaremos.

Julie nada respondeu, despediu-se pedindo que ele a desculpasse com Josefina e partiu para o seu lar.

Ela não ia tranquila porque não sabia o que a esperava lá. Era preciso fazer alguma coisa para que aqueles ruídos cessassem, mas o quê?

Que providência tomar? Com quem falar? Nenhuma ideia lhe vinha.

Em casa, preparou o seu desjejum e, depois de se alimentar, deitou-se um pouco para descansar. Não havia dormido, como acontecia desde há muitas noites, e precisava de um repouso.

Em pouco tempo passou por um sono, não tão tranquilo conforme seu corpo requeria, mas suficiente para que se sentisse melhor.

Durante o sono sonhou, sonhou muito, sonhos confusos e lugares estranhos, sem sequência, mas em meio a tanta confusão e lugares sombrios, ela viu o pai e o irmão, não juntos, mas cada um por sua vez.

Nenhum dos dois se apresentava a ela com fisionomia serena, mas, transtornados, pediam ajuda.

Em um momento ela percebeu até que o pai lhe

estendia a mão para que fosse retirado daquele lugar quase assustador.

Sem nada entender despertou aflita, com algumas lembranças, mas trazia bem nítido, em sua mente, o pai com as mãos estendidas pedindo-lhe ajuda.

Não conseguindo identificar o lugar em que ele estava, lembrou-se também de ter visto o irmão e preocupou-se muito, fazendo-se algumas indagações:

— O que estará acontecendo com papai? O lugar onde ele estava era feio e sombrio. Seria uma parte do inferno? Por que estaria em aflição e pedindo ajuda se não estivesse no inferno? Que ligação teria esse sonho com os ruídos que acontecem aqui todas as noites? Seria o reflexo do sofrimento que ele e meu irmão estão passando que chega até aqui? E eu, o que posso fazer para ajudar papai, para levar-lhe um pouco de paz, para retirá-lo daquele local tão feio? Sonhos são sonhos e eu devo estar me preocupando à toa. Não posso comparar um sonho que são fantasias que ocorrem enquanto dormimos, com a realidade que venho enfrentando nesta casa. O que fazer, meu Deus? Como enfrentar o que vem acontecendo aqui se já me sinto cansada e tão amedrontada?

De fato, a situação de Julie era deveras complicada. Nada entendia do que estava ocorrendo, nem do sonho que tivera, e a sua mente preocupou-se ainda mais.

Não via a hora que a noite chegasse para conversar com o irmão, mas, ao mesmo tempo, à medida que as horas passavam ia ficando assustada porque uma nova noite de tormentos teria lugar em sua casa. Contudo, nada poderia fazer e tinha que suportar, só não sabia até quando teria forças para isso.

Quando a noite chegou e Michel foi visitá-la, Josefina acompanhou-o. Receosa pelo acontecido na noite anterior,

O valor das experiências

ela não quis ficar em casa sozinha.

Julie, mais preocupada que anteriormente, contou-lhes o sonho que havia tido pela manhã, quando se deitara para descansar e acabara por dormir.

Michel e a esposa ouviram-na atentos, e, ao final, quando terminou, a própria Julie indagou:

— Vocês imaginam que esse sonho possa ter alguma relação com o que vem acontecendo?

Pensativo, o irmão demorou um pouco para dar resposta, mas Josefina, antecipando-se a ele, falou:

— Se você teve esse sonho com o seu pai e seu irmão, justamente depois da noite que passamos, é bem possível que sejam eles mesmos que aqui estejam. Se seu pai, em sonhos, estendeu-lhe a mão pedindo ajuda, ele deve estar necessitado, sofrendo onde se encontra.

— Não diga sandices para amedrontar ainda mais Julie! – exclamou Michel.

— Josefina deve ter razão! Só não compreendo que, se eles estão aqui, por que os vi num lugar fumarento e feio?

— Eles devem movimentar-se de um lugar a outro. – considerou a cunhada.

— Se já andava preocupada, agora, estou muito mais. O que poderei fazer para ajudar papai e o mano?

— Não sabemos! Como estão mortos, devem estar precisando de orações.

— É só o que podemos fazer por eles, mas não acredito que nossas orações tenham alguma influência sobre eles e sobre o que vem acontecendo aqui.

— Então ficamos na mesma? Conversamos, pensamos, mas não chegamos a nenhuma conclusão, porque esse assunto não nos diz respeito. Foge ao nosso entendimento e a nossa capacidade de auxiliar.

— E quem poderia fazê-lo?
— Também não sei!
— E até quando terei de suportar tudo isso? Passo as noites sem dormir, amedrontada, e sinto que minha saúde está ficando abalada por isso. Estou morando numa casa mal assombrada!
— E se mudasse daqui, não conosco, mas para outra casa?
— Seria o mesmo, pois, pelo que entendi, os ruídos aqui estão por minha causa, para que eu os ouça.
— Interpretando dessa forma e unindo ao sonho que teve, só pode ser, então, seu pai e seu irmão, que eram mais apegados a você com quem conviveram mais tempo.
— Não sei o que pensar!
— Se não chegamos a nenhuma conclusão e nada podemos fazer, é melhor que nos retiremos. - manifestou-se Michel. - Sinto deixá-la aqui nestas condições, mas se não quer ficar em casa, nada posso fazer.
— Não tenho o direito de tirar a paz de vocês. Quanto a mim, verei até quando suportarei.

O irmão e a esposa retiraram-se e Julie ainda ficou algum tempo acordada, temendo deitar-se, porque era só no silêncio profundo da noite que os ruídos começavam.

No entanto, seria impossível passar a noite toda acordada e sentada. Por isso, cansada, resolveu deitar-se, mas, antes de conciliar o sono orou muito. Pediu a Deus que a ajudasse e ajudasse também aquelas almas que estavam no seu lar amedrontando-a. Se fosse seu pai e seu irmão que os ajudasse mais ainda porque estavam precisando, conforme seu pai pedira em sonhos.

Depois de algum tempo, vencida pelo sono, adormeceu e sonhou. Novamente viu o pai, desta vez para agra-

O valor das experiências

decer a ajuda que ela estava lhe dando, mas dizia que ainda precisava de muito mais porque estava sofrendo. Via-se isolado, chamava por alguém, mas não via ninguém que pudesse ajudá-lo. Nem mesmo a sua esposa que sempre lhe fora submissa, atendia a seus rogos.

Nada falou do filho e Julie também não o viu. Logo depois despertou, retendo todo o sonho na memória e ficou atenta. Nenhum barulho ainda havia ouvido, mas nada demorou e tudo começou novamente, do mesmo modo, com a mesma intensidade, sem nada ter mudado.

Encolheu-se no leito, cobriu a cabeça, amedrontada, e ficou quietinha, pedindo a Deus que o dia amanhecesse logo, porque não suportava mais aquela situação.

Enquanto acordada pensava no sonho, concluindo que não deveria ser o pai que provocava os ruídos porque, se o ajudou com as orações, não deveria estar ali. Todavia, restava o irmão que nunca vivera corretamente e sempre fora um irresponsável.

III

Em atividade de auxílio

Muito distante dali, neste imenso espaço sideral cheio de moradas, vamos nos encontrar em uma delas onde uma reunião importante se realizava.

Há alguns anos aquela morada recebera uma nova hóspede, uma senhora cujo nome era Louise, que deixara a Terra depois de suportar muitos sofrimentos junto do orgulho e da intransigência do marido, com quem se unira em matrimônio vinte anos antes, não por amor que os pais não se importavam com esse sentimento.

Bastava que encontrasse um partido vantajoso para a filha, e recebesse o pedido de casamento, ela era-lhe entregue com muita honra. E fora o que acontecera àquela que se casara com o pai de Julie.

Porém, os anos haviam passado, a abastança de que desfrutavam foi se desfazendo pela situação de transição em que o país se encontrava, reduzindo oportunidades.

Wanda A. Canutti pelo espírito Eça de Queirós

A vida que era difícil pelo gênio do marido, embora tivessem abastança financeira, ficou mais difícil porque o dinheiro tornou-se escasso para todos, pela falta de oportunidade que gerou, em consequência da nova situação política que enfrentavam.

A senhora Louise, há anos no Mundo Espiritual, desfrutando da paz de uma dessas moradas, mas emprestando a sua colaboração em trabalho, soubera da partida do marido e do filho caçula e preocupava-se tanto com eles quanto com a filha que ficara, a única que enternecia o seu coração em meio ao rigor do marido e da masculinidade dos filhos.

Sua querida Julie que poderia também ter constituído o seu lar, a sua família, ficara com o pai até que ele se fora e agora, só, estava enfrentando um problema muito sério no lar. E ela queria ajudá-la a completar a sua existência terrena com um pouco mais de paz, auxiliando também os que lá se encontravam em situação de sofrimento.

Aqueles que partem desta Terra depois de completar a sua existência neste orbe, levam no Espírito a preocupação pelos que amam, e, não raro, não conseguem desligar-se deles, acompanhando, do modo que lhes é possível e permitido, a sua vida aqui na Terra.

Era o que acontecia com aquela bondosa mãe. Desde que deixara a Terra, a partir do momento em que tivera condições, preocupava-se com o lar, sobretudo com a filha que ficara com a responsabilidade da família, e teria que conviver com a impertinência e a rabugice do pai e as exigências dos irmãos, tendo que resolver tudo sozinha.

Depois que o marido partira, se preocupara ainda mais com a filha que ficara sozinha. Porém, quando tivera conhecimento do que estava ocorrendo no seu antigo lar, se preocupara muito mais. Era esse o motivo da reunião que promoviam, onde ela expunha a situação da filha na Terra, pedindo autorização para retornar e ajudá-la, ajudando também o marido e o filho que viviam atormentados.

Conseguira convencer os seus superiores a ouvi-la e, em reunião, expunha suas razões.

Eles sabiam exatamente o que estava ocorrendo, mas ouviam-na. Era importante que soubessem até que ponto ela estava bem informada e o que pretendia realizar, e ela expunha:

— Irmãos, a situação em meu lar terrestre é deveras preocupante, por causa da minha filha que ainda precisa continuar lá para completar sua programação de vida. Gostaria, porém, que ela ficasse liberada do que vem acontecendo no lar que deixei, para que prossiga sua vida até quando Deus permitir, suportando o que ainda deve passar, mas não assustada como anda. Se continuar assim, retornará muito antes de completar seu tempo, tão abalada está ficando a sua saúde.

— Estamos de posse do conhecimento do que vem acontecendo lá e permitimos que vá ajudá-la, mas deve saber que o trabalho é mais complexo do que imagina. Ela supõe que no seu lar, provocando aqueles ruídos que a atormentam, estejam seu pai e seu irmão, mas a senhora sabe que não são eles.

— Sei muito bem o que encontrarei e me prepararei adequadamente. Depois, se me for permitido, ajudarei também meu marido e meu filho que se encontram em grande sofrimento.

— Permitimos que ajude sua filha pois reconhecemos que ela está vivendo uma situação difícil, estranha e amedrontadora para os encarnados, mas ainda não é o momento de ajudar nem seu marido, nem seu filho. Sabe que eles não estão no seu lar, e, quando chegar a hora, quando sentirmos que estão preparados para receberem ajuda, pedida por eles mesmos, estaremos prontos para ajudá-los. Por enquanto é necessário que fiquem como estão para que tenham a oportunidade de pensar muito, de refletir nos próprios atos cometidos na Terra, a fim de que concluam que não viveram adequadamente, e que, se não estão em melhores condições, os culpados são eles mesmos.

— Compreendo as suas explicações e sei que não poderia ser diferente, mas preocupo-me. Gostaríamos que todos os nossos queridos estivessem bem e não em sofrimento.

— O sofrimento, as mais das vezes, é uma bênção que impulsiona à reflexão e desta, à modificação. Ele é o único móvel que enternece os corações orgulhosos e empedernidos. A hora deles também chegará, mas, por enquanto, ainda nada podemos fazer.

— Fico feliz que me permitam ajudar minha filha. Quando chegar a hora de eles também receberem auxílio, se puder participar, ficarei grata. Quando posso partir para o meu antigo lar?

— Daqui a dois ou três dias. É necessário que leve alguém com a senhora porque sabe bem o que vai encontrar lá!

— Toda a ajuda que nos é permitido ter, facilitará o nosso trabalho e conseguiremos realizá-lo com mais eficiência e num tempo menor. Começarei a me preparar para essa tarefa, mas gostaria de saber – quem me acompanhará?

— A senhora mesma, conhecedora do que vai encontrar e da extensão da sua vontade de ajudar, providenciará, entre

O valor das experiências

os trabalhadores que conhece, dois que possam acompanhá-la e ajudá-la para que volte feliz pela tarefa bem sucedida.

— Eu sei a quem pedir ajuda.

— Agora vá na paz que Deus concede a Seus filhos de boa vontade.

Tomadas as providências que a diligência requeria, em dois dias estavam prontos para partir.

Ela conseguira o auxílio de dois dos seus companheiros de trabalho que se dispuseram acompanhá-la naquela tarefa, depois que ela lhes expôs as suas aflições e o que estava acontecendo à sua filha, no seu antigo lar terrestre.

De posse do conhecimento da missão que viriam realizar na Terra, eles traçaram um plano de ação, conquanto soubessem que todo plano, ao ser colocado em prática, sofre modificações que vão desde o imprevisto até a reformulação de tudo o que levariam como meta de trabalho.

A senhora Louise estava contente porque o que realizariam prognosticava para a filha dias mais tranquilos e felizes. E para que fossem bem sucedidos orava muito, até que a hora de irem, chegou.

Reuniram-se em prece para pedir proteção e o auxílio do Pai, e assim que se consideraram preparados, partiram.

Era o início da noite. Eles esperavam chegar ainda em noite alta para já fazerem as averiguações do que ocorria lá, assistindo ainda, a uma parte do que restaria para aquela noite.

Tudo transcorreu tão bem que chegaram antes do esperado, o que lhes deu a certeza de que estavam amparados e a esperança de serem bem sucedidos.

Antes de entrarem na casa fizeram nova prece, e depois, sem mais delongas, foram entrando com cuidado para não serem percebidos de início e não prejudicarem a tarefa que realizariam.

A mãe de Julie, em primeiro lugar, foi ao quarto da filha, o mesmo que ela sempre ocupava e encontrou-a acordada e assustada.

Com certeza, àquela hora, muito barulho já deveria ter ouvido e estava amedrontada.

Como seria prematuro impedir, logo de início, que o barulho continuasse porque o plano que traziam era mais completo e amplo do que apenas lhes impedir a ação, ela ficou junto da filha, transmitindo-lhe palavras de encorajamento e força para que não se deixasse dominar por tanto medo diante do que ouvia.

Quando percebeu que a acalmou e conseguiu fazê-la adormecer para desligar-se do que ouvia, deixou o quarto e foi ao encontro dos companheiros, saber o que haviam averiguado.

— Sabíamos que iríamos encontrar um grande problema aqui, de difícil solução, pelo que a senhora nos preveniu, e estávamos preparados, mas o trabalho que teremos será muito maior.

— Já viram aqueles de quem lhes falei?

— Penso que sim! Mas há muitos outros mais que aqui estão a serviço deles e lhes obedecem submissamente.

— Quando conseguirmos conversar com aquele que chefia toda essa operação e o convencermos a partir, todos os outros, sejam quantos forem, o acompanharão.

— Pelo que vimos, supomos que não será tão fácil assim. Eles desejam levar sua filha à loucura e não descansarão enquanto não conseguirem. – explicou um deles.

— Devemos agir desde agora, cuidando para que não nos vejam a fim de não termos o trabalho perdido antes

O valor das experiências

mesmo de começarmos. De início, sondaremos o íntimo de cada um, sobretudo daquele que chefia essa operação, e que tomou a si o direito de se vingar.

— Podemos nos distribuir entre eles para verificar o que pensam, o que pretendem, e como vão continuar o seu trabalho.

— Essa é a parte mais importante, porque, o que pretendem, já o sabemos.

Os três distribuíram-se entre aqueles que povoavam a casa com intenções demolidoras, sem serem vistos, e começaram a observar atentos.

O que chefiava a ação infeliz e que se sentira o ofendido com direito de vingança, circulava entre um e outro, ordenando, corrigindo e estimulando, e o barulho que Julie suportava era intenso.

O sono que sua mãe lhe provocara durou pouco. Por que promover espetáculos se não há assistência? Eles caprichavam na sua performance e precisavam que ela os ouvisse.

Assim, despertaram-na imediatamente com um barulho mais forte, mas Julie permaneceu na cama, encolhidinha, com a cabeça coberta, orando a Deus para que o dia amanhecesse logo e desvanecesse, o mais rápido possível, aquele ambiente de terror que se formava em sua casa todas as noites.

Os recém-chegados apenas observavam sem nada fazer. Era preciso, de início, uma tomada de posição para que, ao começarem a sua ação, penetrassem no cerne do problema para atacá-lo de forma definitiva.

Quando a noite foi terminando, o chefe daquela atividade foi avisando um a um que, por aquela noite, o que haviam feito já fora suficiente. Que descansassem porque todos mereciam um descanso para acumular energias para a noite seguinte. Disse-lhes até, que, se quisessem sair tinham permissão, mas que estivessem ali no início da noite e, se algum não regressasse, que se haveria com ele.

Diante dessa autorização, os dois companheiros da mãe de Julie trocaram um olhar significativo, sabendo já o que fariam.

Em pouco tempo, depois de confabularem uns com os outros, eles foram deixando a casa e os dois, avisando a senhora Louise que os acompanhariam para ver o que fariam e o que conseguiriam deles, seguiram-nos.

Quais crianças soltas num jardim, eles pulavam, sorriam, falavam, e revelavam que estavam cansados daquele trabalho que realizavam. Não tinha nenhum atrativo, nenhum interesse maior, mas haviam se comprometido e deviam obedecer. A sua palavra era importante pois se um dia, também quisessem chegar a chefiar uma operação, precisariam ter o respeito dos que os ajudavam.

Só por isso retornariam, mas, enquanto não o fizessem, queriam divertir-se para tornar aquelas horas mais agradáveis.

Os dois que os acompanharam ouviram esse desabafo e aproximaram-se.

Imediatamente se imiscuíram entre eles, e, com a aparência um tanto modificada, fizeram-se visíveis e perguntaram o que fariam, pois eles também estavam precisando se divertir. Como eram um grupo muito alegre haviam chamado a atenção deles.

Um olhou para o outro dizendo:

— Não podemos confiar em ninguém!

— Ora, por que diz isso? – perguntou um dos dois.

— Vocês são desconhecidos!

O valor das experiências

— Nada lhes faremos! Queremos apenas acompanhá-los, nada mais.
— Está bem! Mas, se não gostarmos de vocês, os expulsaremos do nosso grupo.
— E nós nos afastaremos! Quem sabe não poderemos também participar do trabalho que realizam?
— Estamos a serviço de um chefe que mantém dois auxiliares diretos e todos nós para conseguirem o que desejam.
— E o que eles desejam?
— Não nos dão satisfações, apenas ordens e nós obedecemos.
— E obedecem sem saber a finalidade do que fazem? Eu não aceitaria um trabalho desses.
— Já participamos de muitos grupos de trabalho mas sabemos muito bem o quê e por que o fazemos, e o que vamos conseguir depois. – manifestou-se o outro.
— Nós nada sabemos, apenas obedecemos.
— Penso que vocês merecem ser mais bem considerados! Quando terminarem o trabalho, os dispensarão sem o menor reconhecimento pelo que fizeram.
— Será que ele teria coragem de fazer isso conosco que o obedecemos em tudo?
— Os que chefiam uma ação, pensam somente neles e no objetivo a alcançar, destruindo quem desejam, mas depois se livram de seus auxiliares, sem piedade. Eu e meu companheiro conhecemos bem esse tipo de trabalho. Agora, quando aceitamos um trabalho, exigimos saber tudo, desde o que pretendem conseguir até como seremos recompensados.
Ouvindo esta conversa, os componentes do grupo foram se alvoroçando. Um dizia que ele estava com

a razão, e, no final, seriam desprezados. Outros defendiam o chefe, e assim formou-se entre eles uma grande altercação.

Deixando que eles discutissem, um dos dois recém-chegados comentou com o outro:

— Estamos indo muito bem! Daqui a mais alguns minutos conseguiremos dispersar todos eles e voltaremos sozinhos.

Enquanto um falava e o outro respondia, eles interfeririam defendendo o que lhes interessava, tentando convencer o outro que estavam com a razão.

Ao final de algum tempo, um dos dois que desejavam auxiliá-los e não vê-los se altercarem, pediu um pouco de silêncio e falou-lhes:

— Vejo que estão descontentes e reconhecem que estão trabalhando por nada. Se desejarem um outro trabalho, poderei ajudá-los.

— Que trabalho é esse?

— Sempre há aqueles que procuram, entre os grupos como vocês, um meio de oferecer-lhes uma atividade mais nobre, onde serão auxiliados, bem tratados, e considerados como cada um merece.

— Se assim é, o que fazem vocês aqui?

— Desde que deixamos o grupo para o qual trabalhávamos, porque eles não nos mereciam, estamos nesse outro. Estamos aqui para conseguir trabalhadores de boa vontade. Os que aceitarem serão levados a um lugar limpo, de muita paz, onde terão tudo o de que necessitam e serão tratados como merecem.

— Como vocês estão vestidos como nós?

— Porque se viéssemos de outro modo, desconfiados, não nos aceitariam.

O valor das experiências

— Se alguns desejarem passar para esse grupo, em pouco tempo eles estarão aqui e vocês verão o que é ser tratado com dignidade e respeito.
Um deles, ouvindo, respondeu:
— Eu aceito! Já estou cansado de tanto trabalhar e nada receber. De não ser considerado pelos chefes que nos fazem de escravos.
— Pois então, você escolheu o caminho certo e vai ficar muito feliz. Os que quiserem acompanhá-lo é só pedir que também serão levados.
Todos aceitaram, menos um que saiu correndo e foi avisar o chefe que alguma coisa muito estranha estava acontecendo e que ninguém voltaria mais.
Enquanto isso, os dois elevaram o pensamento a Deus pedindo ajuda e, em pouco tempo, chegavam alguns irmão que permaneciam na Terra arrebanhando aqueles que quisessem partir. E, reunindo-se a eles, falou-lhes palavras de incentivo, explicando o que teriam, como seria a sua vida quando partissem dali, enaltecendo também a atitude que haviam tomado da qual jamais se arrependeriam.
O que realizaram não estava no plano que traziam, mas, como não se deve perder oportunidade e ser sagaz o bastante para apreender momentos e situações que podem ser aproveitadas, aquele primeiro passo estava realizado.
Os que aceitaram foram levados, e os dois, os que promoveram a ação ainda permaneceram algum tempo no local, orando em agradecimento a Deus pelo que haviam conseguido.
O grupo ficaria desfalcado e seus elementos fariam falta pelo que realizavam. Lembrando-se do que fugira, aprestaram-se em retornar para que não houvesse tempo de arre-

banharem outros mais, porque, entidades infelizes, prontas para aceitarem qualquer trabalho no mal, há muitas.

Transformando-se novamente como se apresentavam antes, e, cuidando para que não fossem vistos, voltaram para casa e ainda puderam alcançar uma parte da conversa entre aquele que fugira e o chefe, e ouviram quando este, incrédulo, indagou:

— Você tem certeza do que está dizendo? Nunca perdemos nenhum dos nossos desse jeito. Quem eram os dois que lhes falavam oferecendo-lhes uma vida melhor?

— Não sei, nunca os vi, mas não eram iluminados, eram como nós.

— Eles deveriam estar iludindo os nossos, pregando-lhes alguma peça sem nada de verdade.

— Pode ser!

— Então você não deveria ter fugido! Deveria ter permanecido para ver o que aconteceria.

— Fiquei com medo de que fosse verdade e que me incluíssem entre eles. Sabe que o respeito muito e não admito traições. Vim o mais rápido que pude para ver se o senhor poderia impedi-los.

— Como impedir o que não temos a certeza se se realizou ou não? Se eles não voltarem, você está com a razão e precisamos arrumar mais auxiliares. O meu trabalho é muito importante e não pode ser interrompido por nada. Se perdemos um grupo arrumaremos outro, e você, como servidor fiel, terá a responsabilidade de conseguir outros para esta noite mesma. Quanto mais rápido conseguir o que pretendo, e que vocês sabem o que é, melhor.

— Até quando esperamos para que eu vá em busca de companheiros?

— Mais uma hora apenas. Do contrário não dará tem-

O valor das experiências

po. Tenho que reuni-los a todos para as instruções. Dentro de uma hora nem precisará mais falar comigo. Se não voltarem, pode ir. Entretanto, um detalhe se faz de muita importância para que consiga os companheiros. Se houver muitos, entre eles escolha vinte dos que se lhe apresentarem como melhores.

— O senhor falou num ponto importante.

— Sim, mas devo explicar. Quando encontrar os que podem aceitar, diga-lhes que o chefe é bom e compreensivo e que recompensa muito bem os que para ele trabalham com dedicação e submissão. Que nenhum nunca se arrependeu de trabalhar para ele.

— Eu saberei como fazer, porque o considero muito, mas também sou considerado pelo senhor, haja vista esta missão da qual me incumbe e que me deixa orgulhoso e reconhecido.

— Não precisa me dizer mais nada. Daqui a uma hora pode partir.

Os dois, juntamente com a senhora Louise, atentos àquela conversa, entreolharam-se com um sorriso nos lábios porque sabiam bem, uma hora seria tempo mais que suficiente para o que precisavam realizar, e sabiam bem o que seria.

— Coloquemo-nos a campo e vamos fazer exatamente o que temos em mente, sem nenhum comentário.

— Será suficiente para impedi-lo? – indagou a mãe de Julie.

— A senhora mesma o verá daqui a uma hora.

Eles prepararam o que era necessário, oraram a Deus rogando que os ajudasse, e, em seguida, puseram-se em ação.

Em torno da casa eles estenderam uma corrente de proteção fluídica, de tal modo que aqueles com o perispírito mais denso, não conseguiriam transpô-la. Por mais insistissem e se esforçassem, não a ultrapassariam, nem para sair nem para entrar. Nada veriam, apenas sentir-se--iam impedidos por uma força que ia além das suas possibilidades, tanto de ver quanto de compreender.

Bem antes da hora da entidade deixar a casa, estava tudo pronto.

Quando ele imaginou que nenhum deles retornaria mais e, ansioso para mostrar a seu chefe a sua submissão e capacidade, decidiu cumprir a sua tarefa.

Qual não foi a sua surpresa ao ver-se impedido. Forçava, tentava, voltava, tornava a repetir a tentativa, mas não conseguiu sair de casa.

Irritado, chamou o chefe que se aborreceu por ter sido chamado, mas ele explicou que um imprevisto muito grave havia acontecido.

O chefe perguntou qual o imprevisto importante que acontecera, ao que ele respondeu, convidando-o:

— Venha comigo que verá com seus próprios olhos e, talvez, possa ajudar-me a romper uma barreira que me impede de deixar esta casa.

— Está querendo desculpar a sua incapacidade com uma barreira? O que viu você?

— Nada, senhor, nada vi, mas senti-me impedido de sair.

— Pois veremos o que é isso! Você sabe, para mim não há barreira alguma que me impeça de fazer o que quiser!

Acompanhando o subordinado fiel, ele pediu que lhe mostrasse a tal barreira, posto que ele também nada via.

— Não posso mostrá-la porque não a vejo, mas posso demonstrar que algo muito forte foi colocado aqui e me impede de sair.

O valor das experiências

— Pois tente que preciso descansar para a noite e não posso perder tempo com incompetentes.

Sem demora ele experimentou novamente, repetiu o que já havia feito várias vezes, colocando ainda mais força mas nada conseguiu.

O chefe, irritado, pediu que ele se retirasse dali e observasse bem, que com ele nada aconteceria. Que sairia e entraria quantas vezes desejasse, pois, com o seu poderio, ninguém resistiria.

Ele fez a mesma tentativa num ímpeto muito forte, desejando fazer uma demonstração de mestre, mas surpreendeu-se com o mesmo impedimento.

Irado pelo fracasso, voltou-se vociferando:

— Que diabos colocaram aqui que nos impede de sair? Quem fez isso que não vejo ninguém aqui? Seja quem for, a hora que for pego se haverá comigo! Esta casa, agora, é domínio meu e não admito interferências no que faço.

— Deve ser por isso que os nossos companheiros não regressaram. Não puderam entrar.

— Se fosse por isso gritariam pedindo socorro e nós teríamos ouvido. - respondeu ainda irritado o chefe.

O seu subalterno, numa demonstração de sagacidade, exclamou:

— Então deve ter sido preparado por aqueles que nos abordaram e ofereceram ajuda.

— E onde eles estão? Se tivesse ficado lá saberia o que houve e para onde foram.

— Mas corria o risco de ser levado também, e eu desejava ajudá-lo. Cumpri com o meu dever.

A mãe de Julie que presenciava aquela cena com seus dois companheiros, ouvindo o que eles diziam, sugeriu:

Wanda A. Canutti pelo espírito Eça de Queirós

— Apresentemo-nos a eles e expliquemos logo o que está acontecendo.
— Ainda não! – respondeu um dos seus companheiros.
– Deixem-nos pensar, tentar, confabular até se cansarem. À noite nos apresentaremos e lhes falaremos. Agora seria precoce, estão enraivecidos, sobretudo o chefe, e teríamos mais dificuldades. À noite, quando estiverem mais cansados de tantas tentativas, desesperançados de conseguirem mais subalternos para auxiliá-los na operação demolidora da paz que realizam nesta casa, será mais fácil, mais útil e mais produtiva a apresentação.
Os outros concordaram e passaram a aguardar o transcorrer das horas.
Os que tinham o empenho em destruir a paz daquele lar, especificamente de Julie, que era sua única moradora, ainda tentaram muitas vezes. Mas, como nada conseguiam, desistiram e retiraram-se para um quarto desocupado da casa, do qual faziam o seu quartel general, de onde partiam as ideias e os planos.
Os dois companheiros da senhora Louise seguiram-nos e viram-nos entrar ainda exclamando:
— Se o que houve foi arte daqueles dois, como não os vejo aqui? Para onde foram? Será que seguiram com nossos companheiros?
— Quando você chegou entrou sem dificuldade. Aquilo que prepararam, devem tê-lo feito depois. Entretanto, onde estão eles? Quando aquela barreira invisível mas tão sentida por nós será desfeita?
— Devem estar preparando alguma para nós, e não estamos percebendo nada!
— Seja quem for e o que for, só nos resta aguardar para ver o que vai acontecer. Ficar assim para sempre, é

O valor das experiências

impossível! Mesmo que percamos o trabalho de hoje, não tem importância, depois saberemos bem como compensar o tempo perdido.

Tendo ouvido o suficiente, os dois retiraram-se e foram ao encontro da senhora Louise que estava ao lado da filha.

— Então, o que apuraram?

— Continuam irados e dizem que vão esperar para ver o que vai acontecer.

— Esperemos também, e, à noite, os abordaremos e lhes falaremos.

— Poderemos até amedrontá-los com mais recursos, uma vez que reconheceram que somos inteligentes.

— Eles também o são e muito, mas não podem competir conosco, não em inteligência, mas na nossa capacidade de amar e de auxiliar o próximo.

— Que auxiliará a eles também, se aceitarem.

— Justamente! Não estamos aqui apenas para expulsá-los desta casa, que eles voltariam ou continuariam a praticar o mal contra outras pessoas. Precisamos convencê-los a nos acompanhar, mudando de vida para serem mais felizes, e, quiçá, reencontrarem algum ente que muito amaram e que os amou também e sofre por vê-los nessas condições.

IV

A execução da tarefa

Reunidos no quarto, esperando, talvez, alguma modificação, as horas foram transcorrendo e, vez por outra, aquele mesmo subalterno que fora impedido de sair em primeiro lugar, retornava para nova experiência.

Cada vez que chegava diante da porta, olhava e rapidamente tentava, pensando, ele mesmo, burlar qualquer vigilância, mas seus olhos nada alcançavam.

Com isso as horas foram passando até que os três, a senhora Louise e seus dois companheiros, depois de um recolhimento, preces e pensamentos elevados, decidiram que os procurariam e se mostrariam a eles.

As esperanças de conseguirem o que desejavam era grande. A paz que a casa oferecia transmitia-lhes confiança pelo que já haviam conseguido, e Julie repousava tranquilamente, recuperando-se das noites e noites de tormento.

O pequeno grupo não bateu à porta, não se fez anunciar. Simplesmente entrou, surpreendendo-os.

Alguns deles, em torno do chefe pediam uma providência, mas ele, orgulhoso e com receio de novo fracasso, dizia-lhes:

— Hoje fomos vencidos por uma força que não sabemos qual é, e eu não gosto de fracasso. Todavia, não desistiremos. Prosseguiremos, porque seja o que for que lá está, uma hora se desfará e nós vamos à forra.

Tão entretidos estavam nas suas confabulações, que não perceberam a presença de estranhos que se faziam visíveis e seriam vistos assim que se voltassem para eles.

Um deles, querendo chamar a atenção dos hóspedes indesejados da casa, falou-lhes:

— Tem razão, irmão, aquela barreira será desfeita e poderão se retirar à hora que desejarem, mas não mais nas condições em que aqui se encontram.

Voltando-se e vendo-os, indagou exasperado:

— Quem são vocês e por que se intrometem no nosso trabalho? O que lhes fizemos?

— A nós, diretamente, nada, mas estão fazendo a si mesmos e nos preocupamos.

— A nós mesmos? – indagou um dos outros.

— Ainda não perceberam que é assim que ocorre. O que estão promovendo nesta casa contra Julie, será passageiro. Vocês não conseguirão atingi-la para sempre, embora quanto mais a perturbarem mais a estarão ajudando.

— Não entendo! Não queremos ajudá-la, mas prejudicá-la!

— Porém, na intenção do prejuízo que lhe vêm ocasionando, estão auxiliando o seu Espírito a resgatar débitos. E o que lhe acontecer como consequência do que vem

O valor das experiências

recebendo, a liberará de compromissos e nunca a terão, porque ela se distanciará de vocês que contrairão mais débitos do que já possuem.

— O que estão pretendendo conosco?

— Ajudá-los! Já devem ter percebido!

— Vocês querem ajudar Julie!

— Também! Ajudamos a ela e a vocês que poderão ter uma vida mais feliz, sem ódios nem desejos de vingança, se souberem perdoar o que sofreram.

— Como sabe que sofremos? – indagou o que era o chefe.

— Presumo, porque aqui não estariam gratuitamente, praticando o mal pelo mal, sem um motivo sério.

— Pois se entendem o que fazemos aqui, deixem-nos em paz.

— É isso o que mais quero! Deixá-los em paz, mas não a que pretendem e sim a que emana de Deus! Vejam bem, aqui estão nesse trabalho demolidor, ao mesmo tempo tão simples por toda a capacidade intelectual que possuem, e que poderiam aplicá-la em trabalhos mais nobres que lhes fossem realmente benéficos ao Espírito.

— Não se incomode conosco! – exclamou um outro. – Temos nossas razões, e o que estamos promovendo aqui está surtindo os efeitos que desejamos. Sabemos que poderíamos, pela nossa capacidade, realizar muito mais, mas a cada um o que merece, e que se lhe adapte melhor dentro das características e tendências que apresenta. Para Julie fazemos o que lhe é necessário. É pouco, mas não precisa mais. Veja que não queremos ser cruéis demais.

— Mas o estão sendo para vocês mesmos!

O que era subalterno e se mantivera calado até então, pela própria posição que ocupava no grupo, decidiu inter-

Wanda A. Canutti pelo espírito Eça de Queirós

ferir e indagou:

— Então foram vocês que levaram nossos companheiros hoje pela manhã! Reconheço-os agora, apesar da aparência diferente.

— Pois fomos nós mesmos e nessa hora eles devem estar felizes, tranquilos, em paz e sendo muito bem tratados. O que foi proporcionado a eles o será também a vocês, basta querer.

— Só sairemos daqui quando completarmos o nosso trabalho!

— E o que significa para vocês o trabalho completo? – indagou um dos dois, apesar de saberem o que eles desejavam, acontecesse com Julie.

— Julie não merece ter paz, não merece ter uma vida tranquila e queremos atormentá-la tanto até que se desequilibre e vá parar num manicômio. Lá, para nós, será mais fácil; nem precisaremos sair à procura de auxiliares porque encontraremos, lá mesmo, quantos desejarmos, à nossa escolha.

— Imagino que sim e que lhes será fácil, mas devem pensar no depois. Vocês são imortais como nós todos o somos e, seja o que for que fizerem, embora imaginando que estejam agindo bem pelo mal que devem ter sofrido, terão que resgatar todos os débitos. E poderão, numa próxima existência, que sabem as temos muitas, ser também um daqueles que lá se encontram desmemoriados, agindo sem equilíbrio e sofrendo. Pensem no que fazem, para que não venham a sofrer pelo que vocês mesmos fizeram.

— E o que já sofremos, não conta?

— É obvio que conta, e o que Julie tiver que passar ela o passará, mas que não seja pelas suas mãos e sim pela

O valor das experiências

Justiça Divina. Deus toma a si justiçar Seus filhos que sofreram prejuízos, para que eles não o façam por si mesmos e não se comprometam mais.

— Não estou gostando nada desta conversa.

— Mas temos muito ainda sobre o que conversar, e vamos prosseguir.

— Afinal, quem são vocês? Qual o interesse que têm por nós?

Um dos outros, ouvindo atento, respondeu apressado:

— Eles não têm interesse nenhum por nós. Querem apenas nos retirar daqui para que Julie fique em paz.

— Quando promovemos um auxílio a determinadas pessoas, em determinados lugares, não auxiliamos apenas tendo em vista um único objetivo. O nosso auxílio é mais amplo e deseja atender a todos. Vocês mesmos experimentaram o nosso poderio através do impedimento que colocamos para que não saíssem. Pois bem, da mesma forma poderia colocá-los fora e impedir que voltassem, mas não é isso que desejamos. Somos todos irmãos, filhos de um mesmo Pai, que é Deus, e queremos ver todos bem. Como nos sentiríamos auxiliando Julie pela retirada de todos vocês desta casa, se soubéssemos que continuariam por aí, perdidos no mal e regozijando-se com ele?

O que tinha a incumbência de gerenciar a missão que trazia em prejuízo de Julie, pelo ódio que lhe tinha, ficou pensando um pouco e depois se manifestou:

— Por mais eu tente não consigo entender que existam pessoas como vocês.

— Trabalhamos para Jesus, aliviando uns, arrebanhando outros para proporcionar-lhes a oportunidade de refletirem no mal que fazem ou já fizeram, que se modifi-

Wanda A. Canutti pelo espírito Eça de Queirós

quem e procurem evoluir espiritualmente.
— Deixando para trás aqueles que tanto nos ofenderam?
— Os que nos ofenderam são também nossos irmãos em Jesus, estão sob os olhos dele e, quando chegar a hora, ressarcirão seus débitos sem a nossa interferência. Precisamos confiar na Justiça Divina que é infalível e seguirmos a nossa vida, sem olharmos para trás, para não ficarmos revivendo momentos infelizes, ficando parados em tempo. Temos que sempre seguir em frente, pensando em nosso progresso espiritual, e entregarmos à Justiça Divina aqueles que supomos, nos ofenderam.
— Às vezes, por qualquer razão, por qualquer momento, consideramos uma ofensa muito grave e desejamos vingança. Porém, se pararmos um pouco, pensarmos no que realmente existiu, examinando todas as faces dos acontecimentos, verificamos que ele não foi tão grave assim e não merece que lhes demos tanta atenção. – considerou a senhora Louise.
— Quem é a senhora? – indagou um deles.
— Fui mãe de Julie!
— Então é por isso que a defende!
— Não estou aqui para defendê-la de nada, mas ajudá-la, assim como desejamos ajudar vocês.
— A senhora não sabe o que ela me fez?
— Se você me contar, poderemos saber, não obstante, diante do já exposto, nada justifica a vingança porque ela recairá sobre vocês mesmos, depois. Tudo o que fazemos precisamos ressarcir, queiramos ou não, e ninguém ressarce débitos sem sofrimento. Se Julie os ofendeu, ela deverá pagar independente da presença de vocês aqui. Mas, antes de prosseguir, eu pergunto: Há quanto tempo você se sentiu ofendi-

O valor das experiências

do por ela? O que ela lhe fez que o magoou tanto? Já pensou também na sua participação nesse fato? Às vezes inculpamos os outros mas temos também a nossa parcela de culpa.

— O que ela me fez foi há muito tempo, num tempo muito longínquo em que os costumes eram diferentes.

— Vejo, pelo que me diz, que ela já deve ter saldado aquele débito e você não precisa mais ficar aqui se comprometendo para isso. A Justiça Divina não falha. Mas, se desejar, conte-nos o que houve. Gostaríamos de saber.

— Há alguns séculos atrás, morávamos num país distante onde tínhamos, a poder de trabalho e de dedicação, o conforto de que precisávamos. A Julie de hoje era minha esposa e tínhamos dois filhos homens, fortes, valentes e trabalhadores. Um dia, surgiu na aldeia onde morávamos, uma senhora que fez amizade com a Julie que, naquela época, se chamava Rose, e começou a frequentar a nossa casa com assiduidade. Eu não sei o que aquela senhora possuía, que elas, às vezes, se fechavam no quarto e lá ficavam por algum tempo. Quando saíam, Rose estava transtornada, parecia ausente de si mesma, estranha, e a sua amiga ia embora. Eu comecei a perceber que aquela amizade não era boa para a minha esposa e dispus-me a ficar à espreita. Alguma coisa eu deveria descobrir. Um dia, quando elas se fecharam no quarto, fiquei ouvindo o que diziam e havia preparado um jeito de também ver o que faziam. Aquela senhora que penetrara na nossa casa e estava influenciando a minha família, começou a fazer um certo ritual sobre a cabeça de Rose, estimulando-a a falar, e ela o fazia, dizendo coisas que não faziam parte do nosso dia a dia, como se outra pessoa falasse por ela. Deveriam ser seres diabólicos que ela invocava e dirigia, e, enquanto a minha esposa estava possuída por aqueles seres que eu não entendia o que seria, nem como se dava, ela estimulava-a a fazer coisas que Rose jamais faria no seu juízo perfeito. Ela deveria utilizar-se de algumas possibilidades que havia percebido em minha esposa para levar prejuízos e males a outras pessoas. Muito tempo passou até que elas deixassem o quarto, e eu, que vira e ouvira tudo o que faziam, expulsei aquela senhora de minha casa, proibindo que continuasse a sua amizade com minha esposa que estava ficando transtornada. Ela retirou-se sem nada dizer e nunca mais voltou. A partir daquele dia a minha casa transformou-se num verdadeiro inferno. Nada mais dava certo para nós. Os negócios, por mais nos esforçássemos, caminhavam para trás. Meus filhos, tão fortes e valentes, tornaram-se fracos e enfermos. Nada mais faziam até que um dia, um a um foram nos deixando, morrendo em situação lamentável. Fui ficando desesperado, e um dia, num gesto mais violento, pois Rose havia perdido completamente o siso, ela apunhalou-me pelas costas. Antes que as coisas tivessem chegado a este ponto, eu havia procurado aquela senhora, contei-lhe o que estava ocorrendo, e ela, não dando importância ao que lhe dizia, falou-me que não tinha nada com isso, que eu cuidasse do que era meu e que a deixasse em paz.

Todos ouviam a sua história penalizados pelo que havia passado, mas também sabiam que algo grave deveria ter ocorrido para que ele pudesse estar ali naquela vingança ferrenha trazendo propósitos tão demolidores.

A esta pausa que ele fez parecendo que sua história estava concluída pelo desfecho que tivera, a própria mãe de Julie, falou-lhe:

— Penalizamo-nos pelo seu sofrimento, pela destruição da sua família, mas é imperioso também que continuemos esta conversa para alguns esclarecimentos que seu

O valor das experiências

ódio ainda não lhe permitiu ver.
— Não venha trazer desculpas ao que Rose fez apenas porque nesta existência foi sua filha!
— Não pense assim, irmão! O que faremos é ajudá-lo a refletir para que chegue a entender melhor o que aconteceu, e conclua que Rose foi tão vítima quanto você nessa história.
— Como vítima se foi por causa dela que tudo aconteceu, afora o ato final que foi cometido por ela mesma retirando-me a vida.
— Compreendo o seu sofrimento e a destruição de sua família, mas deve pensar que Rose estava fora de si, com a mente transtornada e não sabia o que estava fazendo. Ela também se encontrava sob a influência daquela mulher que não se conformou em ficar sem o seu instrumento de trabalho para mais agir sobre os que desejava atingir.
Mudando até a sua fisionomia e abrandando os traços do rosto, ele calou-se, parecendo refletir em cada palavra que ouvia, sem nada responder.
Um dos companheiros da mãe de Julie, que viera para auxiliá-la, tomando da palavra, esclareceu-o.
— Sua esposa, naquela oportunidade, ao nascer, trouxera a possibilidade de entrar em contato com os Espíritos como você, libertos do corpo, para, se houvesse oportunidade, ter o dom de auxiliar os que necessitassem através das entidades de boa vontade que pudessem se achegar para essa finalidade.
— Porém, essa oportunidade nunca chegou a existir, – interferiu o outro, prosseguindo – mas, quando fez amizade com aquela senhora que passou a frequentar a sua casa e que também possuía certos dons, ela percebeu essa possibilidade em sua esposa e passou a utilizá-la para o

mal. Rose, naqueles momentos, ficava inconsciente de si mesma, e não sabia o que realizava nem de nada se lembrava ao terminar e retornar à consciência.

— Então é ela que devo procurar, é com ela que devo acertar minhas contas.

— Ouça, irmão, – disse a senhora Louise – se estamos aqui para ajudar Julie, desejamos ajudá-lo também, e não permitiremos que faça o que está imaginando, pelo seu próprio bem. O que aquela senhora fez é de inteira responsabilidade dela, e, com certeza, já deve estar pagando ou já pagou muito do que fez. A justiça quem promove é Deus que concede as oportunidades para que Seus filhos auxiliem Seus outros filhos necessitados e não que os prejudiquem. Infelizmente isso acontece porque aqueles que trazem esses dons veem neles um meio fácil de conseguir o que desejam e não se importam de prejudicar. Ela ficou enraivecida pela sua proibição de se utilizar dos dons que sua esposa possuía e quis vingar-se. Mas pode ter a certeza de que tudo o que ela promoveu está registrado nos anais espirituais e ela, se ainda não passou, passará pela Justiça Divina. Não queira, pois, você também, que tanto já sofreu, comprometer-se, porque essa mesma Justiça Divina que julga os nossos atos indevidos, julgará os seus e muito sofrimento lhe advirá.

— Se o irmão concordar, nós, que promovemos o auxílio para todos os seus companheiros, o promoveremos para você também, com muito mais amor, porque entendemos o que sofreu. Se quiser partir conosco, começará uma outra vida com base no bem, nos propósitos nobres, porque vemos os bons sentimentos que ainda traz. O sofrimento transformou-o, mas você agora pode retornar ao que era. Se Deus permitir, poderá encontrar seus filhos e, juntos, terão uma vida feliz.

O valor das experiências

— Não se esqueça de que Rose, a Julie de hoje e que foi minha filha, já sofre bastante. Veja que ela ficou sozinha, nunca teve ninguém com quem pudesse formar um lar, e você não precisa comprometer-se para fazê-la sofrer. A vida que tem e que terá, daqui para a frente, se encarregará de fazê-la resgatar muitos dos seus débitos, como todos sempre os temos.

— Você pensa que foi fácil para ela, naquela ocasião, ver seus dois filhos, jovens fortes e trabalhadores, definharem e, cada um, por sua vez, morrer? – completou um dos que ali estavam em auxílio.

O pobre irmão infeliz, depois de ouvir todos esses argumentos, manifestou-se:

— Eu aceito o auxílio que querem proporcionar-me.

Os componentes do pequeno grupo que ali se encontrava em missão de auxílio, imaginando que teriam um trabalho intenso para conseguir o que traziam como meta a atingir, ficaram felizes.

A eficiência do trabalho que realizavam auxiliou-os a que conseguissem o que desejavam, sem muita espera.

O pobre infeliz que se rendera esperava que eles se expressassem de alguma forma e foi a mãe de Julie que se manifestou logo em seguida, dizendo:

— Que Deus o abençoe por esta decisão! Você jamais se arrependerá e ainda será muito feliz.

— Terá a oportunidade de refletir sobre tudo o que aconteceu e pensar com cuidado em cada detalhe. Acabará por reconhecer que Julie, naquela ocasião, também foi vítima e não merecia a sua perseguição. – falou um dos que ali estavam em auxílio.

— Não sei se estou fazendo bem ou vou arrepender-me, mas vocês convenceram-me. Quero saber agora o que acontecerá comigo.

— Somente coisas boas! Um novo período estará à sua disposição, com um tratamento que lhe proporcione a paz e o bem-estar. Depois, sentindo-se bem, terá condições de fazer as reflexões necessárias ao seu entendimento. Julie ainda deverá prosseguir por algum tempo para concluir a sua programação de vida, e, quem sabe, você mesmo ainda virá aqui auxiliá-la, quando a necessidade dela for maior.

— Render-me, sim, porque conseguiram convencer-me a abandoná-la, mas vir auxiliá-la, a distância é ainda muito longa.

— Agora você não teria condições para isso. Mas o futuro a Deus pertence e Ele tem caminhos desconhecidos por nós que nos levam a fazer o que imaginávamos, nunca conseguiríamos. A sua atitude de agora, retirando-se para uma vida melhor, já é também um auxílio que lhe proporciona.

— Desejo saber o que vai acontecer a estes meus companheiros que restaram.

— Eles estiveram presentes e sabem tudo o que lhe oferecemos. Se você trazia motivos para aqui estar dificultando a vida de Julie, eles nada têm com ela e muito mais fácil lhes será aceitar o mesmo auxílio que lhe oferecemos.

Ele olhou para os poucos que restaram, e estes, sem nada dizerem mas tendo ouvido tudo, fizeram um leve assentimento com a cabeça.

Dirigindo-se aos que lhe fizeram o oferecimento, ele falou:

— Todos nós estamos à sua disposição. Entregamo-nos confiantes nas suas palavras. Podem nos levar!

— Fiquem tranquilos, nós os levaremos, a todos, para

um recomeço em bases diferentes, mais nobres, que lhes proporcionarão um aprimoramento a seus Espíritos e uma nova preparação para um retorno quando Deus o permitir.

— Quando preparados, terão também a oportunidade de realizar uma atividade, e, se até aqui se dedicaram e se aplicaram tanto em prejudicar, depois, se aplicarão em auxiliar, o que lhes proporcionará uma grande satisfação quando virem o sofrimento de um irmão seus, diminuído.

Eles nada responderam, ainda estavam desconfiados do que poderia acontecer, mas entregavam-se.

A mãe extremosa e preocupada com a filha, manifestou-se:

— Já que estaremos de partida logo mais, gostaria de ter um encontro com minha filha para que ela desperte confiante de que nada mais irá acontecer. Evitaria assim que fique sempre na expectativa de momentos difíceis como os que estava vivendo, e não consiga o repouso necessário ao seu refazimento e ao prosseguimento sadio da sua caminhada terrena, para suportar com força e segurança o que ainda lhe falta cumprir.

Seus dois companheiros disseram que ficariam com os que se renderam preparando-os para a partida, e, enquanto isso, ela poderia ir ter com a filha para transmitir-lhe confiança e paz.

Antes de se retirar, a senhora Louise ainda lhes falou:

— Aguardem-me que procurarei não demorar. Apenas o tempo suficiente para que encontre minha filha e a tranquilize, e, antes do amanhecer, estaremos partindo.

— Reunir-nos-emos para uma prece em conjunto e deixaremos esta casa sob a proteção e o amparo do Pai, e chegaremos em pouco tempo. – falou o que permaneceria com as entidades que aceitaram o auxílio.

Wanda A. Canutti pelo espírito Eça de Queirós

No quarto de Julie sua mãe viu que ela se mantinha acordada e temerosa. Nada havia ouvido aquela noite, não houvera tempo, mas a espera do que acontecia quase todas as noites a fazia sofrer.

Ela aproximou-se da filha, colocou a mão sobre sua cabeça e orou profundamente, com palavras tranquilizadoras que lhe penetravam o íntimo, sem saber de onde provinham: se de alguém ou se eram o resultado dos seus próprios pensamentos, e ela logo adormeceu.

Seu Espírito desprendeu-se do corpo, ela aproximou-se e apresentou-se à filha.

— Mamãe, a senhora está aqui! Ah, mamãe, quanto tenho precisado da senhora!

— Por isso vim!

— A senhora sabia o que ando passando nesta casa?

— Nunca nos desligamos daqueles que amamos, mesmo distantes, e, por isso, vim ajudá-la. Sabia, filha querida, o que estava passando e pedi permissão para vir.

— Quem aqui estava?

— O que importa agora é que conseguimos que todos se rendessem e vamos levá-los, deixando-a livre dessa situação que enfrentava. Eles partirão conosco para uma nova vida, convencidos de que nada lhes adiantaria prosseguir prejudicando-a. Nós os levaremos logo mais.

— Tenho sofrido muito! Diga-me apenas se eram papai e o mano que aqui estavam precisando de auxílio.

— Não eram eles. Seu pai e seu irmão também não estão bem e em breve nós os ajudaremos.

— Quem eram, então?

— Irmãos infelizes que gostam de divertir-se passando medo aos que ainda na Terra continuam como você.

— Como fiquei sozinha, talvez quisessem se divertir

O valor das experiências

comigo.

— Deve ser isso, filha! O importante é que de agora em diante você estará liberta deles. Aproveite o tempo que ainda lhe resta para fazer algo útil em favor de alguém, que lhe será benéfico ao Espírito, além de lhe trazer bem-estar através de uma ocupação sadia.

— O que farei, mamãe?

— Há tanta miséria a socorrer, tanta necessidade, tanta dor a aplacar. Sempre há, entre os infelizes, algo a fazer, que lhes dê alívio e um pouco de esperança, e a você, a satisfação de ter sido útil.

— Nada tenho de meu a oferecer. Sabe que ficamos na miséria!

— Todos sempre têm algo a oferecer a um necessitado, mesmo que nada tenha em espécie. Deus deu-lhe a inteligência e a palavra, e até agora ainda desfruta de saúde. Por isso pode levar o conforto do estímulo e da esperança aos aflitos e desesperados, o conforto da sua companhia aos enfermos solitários. Pense nisso e procure um lugar para prestar a sua colaboração, que, além de levar auxílio e um pouco de alegria, você mesma estará feliz. E, à noite, cansada, colocará a cabeça no travesseiro, mas abençoada por Deus, terá uma noite tranquila de repouso e despertará bem disposta para mais trabalhar. Apenas algumas poucas horas no dia serão suficientes.

— Vou pensar no que me diz. Imagino que a senhora ajudou a resolver as minhas horas de solidão.

— Quando temos solidão mas temos saúde, podemos auxiliar aqueles que não a têm mais, a ser um pouco menos infelizes, menos sós, que tudo o que lhes transmitimos, retorna sempre em bênçãos para nós mesmos.

— Eu procurarei fazer o que me aconselha.

Wanda A. Canutti pelo espírito Eça de Queirós

— Agora tenho que partir, filha. Ao despertar pela manhã, você terá na sua mente a certeza de que nenhum ruído mais a perturbará, bem como a solução para a falta de ocupação e pela solidão que sente, sem lembrar-se com clareza da nossa conversa. Terá uma vaga lembrança de que deve ter sonhado comigo, e o bem-estar que sentirá por tudo isso será grande. Sua vida mudará, se colocar em prática o que lhe aconselhei. Muitas vezes ficamos sós para que a nossa capacidade de auxílio seja colocada à prova. Que Deus a abençoe, filha!

Abraçando-a e beijando-lhe a fronte ela despediu-se, e a filha deixou a casa sem se preocupar com o que poderia estar acontecendo.

Reunindo-se aos companheiros e àqueles que levariam, Louise já encontrou um ambiente diferente.

— Falta apenas os fazermos adormecer para que os levemos sem problemas nem preocupações e cheguemos ao amanhecer. Antes faremos uma prece em conjunto, agradecendo a Deus o que nos permitiu realizar nesta casa, pedindo proteção e auxílio para que terminemos a nossa tarefa com êxito.

Com o pensamento voltado a Deus, oraram sob o respeito daqueles que aceitaram ajuda, depois adormeceram--nos e partiram.

V

Esperanças novas

A pequena caravana partiu feliz pela missão bem sucedida e, em pouco tempo, depositavam no leito do repouso e do refazimento, aqueles irmãos infelizes retirados do mal.

A senhora Louise, antes de recomeçar suas atividades, foi dar notícia ao seu superior do sucesso que haviam conseguido. Agradeceu mais uma vez ao Pai por ter permitido que sua filha ficasse em paz e bem orientada, caso quisesse mudar a sua vida de modo benéfico, e retomou suas atividades, sentindo-se pacificada.

Todos os que aceitaram acompanhá-los, foram distribuídos por alguns postos socorristas e estavam bem.

Tudo parecia asserenado e restava apenas aguardar que eles despertassem, tomassem ciência do que havia ocorrido e recomeçassem em bases mais sólidas e mais benéficas a seus Espíritos.

Wanda A. Canutti pelo espírito Eça de Queirós

Enquanto isso Julie, que estivera com a mãe e saíra em busca de locais amenos para refazer-se de um período de transtornos e temores, já havia retornado ao corpo e despertava.

A sensação que experimentava era inusitada. Talvez a tivesse sentido um dia quando, muitos anos antes, ainda vivia sob a proteção do pai e o carinho da mãe.

— O que aconteceu comigo para que sinta esse bem-estar tão grande que está tomando conta de mim, trazendo-me uma alegria interior há muito não experimentada? O que houve?

Seus pensamentos divagavam e ela continuava indagando a si mesma o que poderia ter ocorrido.

— Dormi muitas horas como há tempos não dormia, mas não ouvi ruído algum e acordo feliz e bem disposta. O que aconteceu, se nada houve de diferente do momento em que me deitei até que despertasse? Seria alguma coisa durante o meu sono? Mas o que poderia acontecer enquanto dormimos se perdemos a consciência de nós mesmos? Ah, lembro-me de mamãe! Parece que sonhei com ela... Terá sido ela que me trouxe este bem-estar e impediu que os ruídos acontecessem? Se foi ela, com certeza nenhum barulho mais haverá nesta casa e estou liberada de receios. Sim, deve ter sido ela! Mas como pode ter feito alguma coisa através de um sonho que nem trago com nitidez? O que houve, meu Deus? Sinto-me tão bem que preciso levantar-me. Hoje meu dia será diferente, sinto que o será! Além do bem-estar, sinto minhas energias renovadas e a disposição de alguns anos atrás.

Com toda a estranheza Julie levantou-se e começou o dia olhando para as paredes de sua casa com outros olhos. Até o dia anterior eram tão frias, tão assustadoras, como se

O valor das experiências

em cada canto houvesse olhos assustadores espreitando-a e tirando-lhe a paz.

Durante todo aquele dia ela continuou pensando, fazendo indagações, sem chegar à conclusão alguma.

No meio da tarde, depois de ter realizado suas tarefas domésticas com mais esmero e novas esperanças de paz, ela sentou-se na sala, que ainda trazia muito do que fora outrora, e pensou, pensou muito. Não no que poderia ter acontecido mas em como poderia ser sua vida daí para a frente, levando o pensamento justamente naquelas recomendações da mãe, recomendações estas que seriam auxiliares da conservação da paz e do término da sua solidão.

— Sim, – pensava ela – se me sinto tão bem, se me sobra tanto tempo em todo o meu dia, eu poderia fazer alguma coisa em favor de alguém, mas o quê?

No momento em que se perguntava, o que fazer, novos pensamentos tomaram-lhe a mente e as recomendações da mãe foram voltando-lhe todas, mas sem saber de onde vinham nem quem as tinha aconselhado:

— Há tanta necessidade espalhada pela cidade, tantos enfermos em hospitais precisando de uma palavra de alento e de esperança, tão sós se encontram. Precisam tanto de uma mão amiga que faça alguma coisa por eles, principalmente pelos que estão em seus leitos miseráveis dentro de casas cujas famílias nada podem oferecer-lhes, quando não são abandonados pela impiedade dos seus. Tantas lágrimas a enxugar nos olhos tristes e desesperançados dos que nada têm de seu e nada terão se nenhuma mão amiga chegar até eles.

Ah, quantos pensamentos fez! Pensamentos que jamais haviam passado pela sua mente agora faziam parte dela como a lhe indicar um caminho.

Wanda A. Canutti pelo espírito Eça de Queirós

De repente, depois de todas essas reflexões, ela levantou-se decidida, dizendo de si para consigo: – É o que farei! Amanhã pela manhã, depois de tomar as primeiras providências aqui, sairei, e Deus me guiará até onde poderei ser útil a alguém.

Depois dessa decisão, novas alegrias tomaram o seu ser, e ela viveria, daí em diante, de modo diferente. Seria outra Julie, não mais aquela triste, apática e amedrontada, mas a renovada, feliz, esperançosa e destemida.

Em nenhum momento imaginou que ruídos pudessem ocorrer novamente. Era como se nunca tivesse havido nenhum.

Eram as bênçãos de Deus que ali foram espalhadas por um trabalho de amor, e seriam conservadas porque ela fora receptiva ao que lhe fora aconselhado.

Depois de uma noite de sono tranquilo, conforme confiava que aconteceria, Julie levantou-se, fez os serviços mais urgentes no seu lar, que não eram muitos, e saiu à rua.

Aonde iria, onde seria útil, quem procuraria para oferecer seus préstimos?

Depois de andar algum tempo sem destino certo, mas impelida por uma força desconhecida, ela viu-se diante de um hospital.

Sim, seria ali mesmo que entraria e, se fosse aceita, já começaria em seguida o seu trabalho, o que lhe dessem para fazer.

Entrou decidida mas um tanto receosa de que não a entendessem.

Logo na entrada encontrou uma irmã de caridade a quem se dirigiu, expondo o motivo da sua presença.

Depois de ouvi-la, a irmã indagou:

O valor das experiências

— Então deseja trabalhar aqui, auxiliando em alguma tarefa, a que lhe for determinada?
— É o que pretendo, irmã!
— A senhora sabe que a situação de nosso país é difícil e a nossa, aqui, não é diferente. Por isso, não estamos contratando ninguém.
— Não estou desejando nenhum contrato mas oferecendo meus préstimos. Nada peço em troca a não ser a oportunidade de ser útil. Como lhe expliquei, vivo só, perdi os meus, tenho dois irmãos casados e o meu dia é muito aborrecido e inútil.
— Deseja trabalhar sem nada receber?
— Receberei as bênçãos de Deus, se puder levar um auxílio a algum necessitado, e, para mim, é suficiente.
— Não temos ninguém aqui que trabalhe dessa forma, no entanto, não posso impedi-la de nos ajudar se assim o deseja.
— Obrigada, irmã, muito obrigada! O que poderei fazer?
— Trabalho, aqui, é que não falta! O que gostaria de realizar?
— O que precisar! Porém, se nada tem de mais urgente e importante no momento, deixe-me visitar os doentes, levar-lhes alguma palavra de conforto, justamente para aqueles que não têm ninguém por eles.
— Está bem! Por hoje, pode fazer isso que me pede. Assim verá se é realmente o que deseja, para não desistir logo depois de lhe atribuirmos uma tarefa. Vou indicar-lhe o local onde poderá fazer o que pretende. Converse com os enfermos, procure levar-lhes coragem e esperança, mesmo àqueles que perceber, não se recuperarão, não obstante estejamos nas mãos de Deus e somente

Wanda A. Canutti pelo espírito Eça de Queirós

Ele sabe a hora em que devemos partir.
— Eu o farei com muito gosto!
— Saiba que encontrará muita dor, muito sofrimento, mas dependerá de você amenizá-los um pouco.

A irmã pediu que ela a acompanhasse. Passou por um corredor onde havia alguns quartos, no final do qual havia um pequeno salão onde estavam dispostas algumas camas, cerca de dez. Ali ficavam alojados os mais carentes, não do auxílio para o físico, que esses todos o recebiam igualmente de acordo com as necessidades, mas para o bom ânimo, porque nada tinham e eram indigentes. Ninguém da família podia acompanhá-los para que o bom andamento do trabalho não fosse tumultuado, e alguns nem família possuíam.

Era com esses que ela poderia realizar o seu trabalho. Passaria algumas horas do dia em sua companhia, levando o conforto do carinho e da esperança a cada um, a fim de que seu sofrimento fosse diminuído e a cura mais rápida, para os que poderiam ser curados.

Propor-se um trabalho à distância sem nunca tê-lo realizado, é fácil, porque não se tem ideia da extensão do que se vai enfrentar, mas deparar-se com ele é difícil.

Julie tinha um pouco de experiência por ter acompanhado a enfermidade do pai, mas estar junto de um ente querido é muito diferente de um desconhecido. E ela sentiu essa dificuldade assim que a irmã deixou-a à porta do salão. Ela não sabia nem a quem se dirigir primeiro. Antes de fazê-lo, olhou para todos os leitos e só viu pessoas sofrendo. Algumas quietinhas, indiferentes, como se já estivessem inconscientes de si mesmas. Outras gemiam de dor e ela receou ter se excedido na oferta e não conseguir realizar o que se propusera.

O valor das experiências

De qualquer forma ali estava, havia pedido, fora aceita e deveria começar.

Sem pestanejar mais, sem receios, caminhou por entre os leitos olhando para cada um. Nada demorou e ela viu-se impelida a parar junto de um deles, onde um velho pálido e magro gemia de dor. Seus olhos grandes para um rosto macerado causavam-lhe piedade.

Junto dele, sem saber o que fazer, perguntou-lhe:

— O que o senhor está sentindo? O que lhe dói?

Com dificuldade ele conseguiu responder que se sentia muito mal, não conseguia alimentar-se, estava enfraquecido e achava que não aguentaria por muito tempo.

Julie, penalizada, nada poderia fazer para diminuir-lhe as dores, mas poderia auxiliá-lo a amenizar a sua desesperança. Assim ela lhe falou:

— Estamos todos sob os olhos de Deus que não desampara ninguém, e o senhor não está desamparado. Logo estará melhor, é só passar esse período mais difícil. Estará mais fortalecido e poderá vencer o mal que o aflige. Não desanime e lute para viver, que a vida é muito importante para nós. Devemos lutar por ela.

— Nada tenho para lutar pela vida. Sou só, perdi todos os meus.

— O senhor tem sim, e um bem muito precioso que é a vida. Lute por ela. Eu também sou só, por isso estou aqui. Sempre há o que fazer desde que tenhamos coragem e boa vontade. Se não temos mais ninguém da nossa família, procuremos levar a nossa companhia aos que precisam e os ajudemos. É o que estou tentando fazer. Tenha força, tenha coragem e lute.

Julie despediu-se do velho e foi para outro leito onde percebeu que o enfermo tinha condições de ouvi-la e, da mesma forma, procurou entabular conversa com ele, como o havia feito anteriormente.

Quando terminava com esse e pretendia dirigir-se a outro leito, eis que entra na enfermaria aquela irmã com quem ela conversara e que a acompanhara até a porta. Ela não podia deixar uma desconhecida muito tempo sozinha com os enfermos, e precisava saber o que ela estava fazendo e como estava se conduzindo.

— A senhora aqui, irmã?

— Sim, estamos sempre em todos os lugares onde a nossa presença é necessária, e queria saber o que estava fazendo, como está se saindo.

A irmã convidou-a para sair para não conversarem lá dentro e não perturbarem os enfermos, e, fora, esperou que Julie dissesse o que pretendia saber.

— Estive conversando com dois enfermos, transmiti-lhes coragem, estimulando-os a que lutassem para se recuperar, sem se entregarem à enfermidade, e estou muito feliz do que realizei. Prometi-lhes que voltaria amanhã, por isso peço-lhe que mo permita fazê-lo.

— Então gostou do que realizou?

— Sinto-me tão bem como há muito não me sentia e lamento o tempo que perdi sem nada fazer, passando um dia aborrecido.

— Vejo que fala a verdade e sinto que está realmente feliz, por isso permito que volte amanhã. Pode ficar nessa enfermaria, por enquanto, até que tenhamos um outro trabalho para você. Continue o que fez hoje, porque o estímulo e a confiança são caminhos para a cura e é isso que desejamos, que todos se curem e deixem o hospital para continuar a vida lá fora. Embora nos esforcemos para levar-lhes um novo alento, não está em nós mantê-los viven-

O valor das experiências

do, porque, acima de nós existe Deus e não sabemos os Seus desígnios. Previno-a para que não se sinta derrotada nem que tenha sido inútil se perdermos alguns dos nossos enfermos. Sabe que imortal é só o Espírito e nosso corpo um dia perece.

— Sei de tudo isso, irmã! Já enfrentei, quando ainda jovem, a perda de mamãe, e mais recentemente a de papai e de um irmão. Farei o que sinto, devo fazer, mas os resultados a Deus pertencem. Mesmo que tenham de partir, se puder levar um pouco de esperança àqueles que já nada mais esperam da vida, sentir-me-ei realizada.

— Se você está feliz, mais ficamos nós por tê-la conosco e contar com o seu trabalho. Agora vá para casa, e, se se sentir realmente disposta ao que se propõe, retorne amanhã. Nós lhe agradeceremos muito.

— Obrigada, irmã, pela oportunidade que está me dando. Se puder levar algum bem a eles, pode ter a certeza de que o bem maior será meu.

A irmã ainda acompanhou-a pelo corredor mas depois despediu-se porque tinha outros afazeres, recomendando que, no dia seguinte, ela poderia chegar e dirigir-se diretamente ao seu trabalho, sem pedir licença nem notificar ninguém.

Julie deixou o hospital agradecendo a Deus por tê-la inspirado aquele trabalho e por tê-la levado àquele hospital.

Na rua, antes de voltar para casa, resolveu ir à casa de um dos irmãos contar a novidade e demonstrar o quanto se sentia bem, e o quanto estava esperançosa de que nunca mais ouviria um ruído na sua casa.

O irmão não estava mas ela contou à cunhada que estranhou a aparência e a disposição de Julie, ultimamente tão derrotada e abatida.

Wanda A. Canutti pelo espírito Eça de Queirós

— Deve ter sido mamãe que me ajudou! – explicou ela
— Sua mãe?
— Sim, sonhei com ela e depois minha vida mudou. Criei ânimo para fazer algum trabalho de auxílio a necessitados, que só pode ter sido ideia dela, por ver-me tão só, tão aborrecida. Até os ruídos que havia em minha casa terminaram.
— Não acredito em nada do que disse. Sua mãe está morta e os mortos não voltam e nada fazem.
— Então o que imagina que deva ter acontecido?
— O quê, não sei, mas sua mãe, acho impossível.
— E o barulho, o que era? Você também ouviu aquela noite em que passei aqui.
— Não sei, Julie, não sei e tenho medo desses assuntos. - e querendo desviar a conversa, falou: – Michel ficará contente em saber que você está bem e que até resolveu buscar alguma atividade fora de casa.
— Conte para ele, pois agora preciso ir embora. Quero descansar, porque amanhã voltarei para continuar o meu trabalho, o que vai me devolver a alegria de viver, de ser útil.

A partir daquele dia a vida de Julie mudou completamente. Ia diariamente ao hospital, e, aos poucos, pela sua dedicação, foi ficando conhecida dos enfermos que aguardavam a sua chegada.

Aqueles que iam melhorando e tinham condições de receber alta, partiam felizes, mais encorajados, mais esperançosos, e, além do físico restabelecido, levavam o Espírito fortificado.

Alguns diziam que sentiriam a sua falta, mas já haviam recebido muito e partiam agradecidos.

Outros, tão infelizes se encontravam, que, depois do

O valor das experiências

trabalho que ela realizava, ganhavam novo ânimo e a falta de vontade de viver transformava-se em desejo de lutar.

Era natural que nem tudo ocorria assim para todos. Um hospital faz o melhor que pode para restabelecer a saúde de seus enfermos, mas nem sempre é possível. Cada um traz sua planificação de vida para desenvolver, a forma como deve retornar e a época, já vêm mais ou menos delineadas, porém, às vezes são feitas alterações, se forem benéficas de alguma forma àquele que está em oportunidade terrena.

Mas, mesmo esses, tinham os seus últimos dias menos infelizes com o amparo e as atenções que ela lhes dispensava, sofrendo também com eles mas encorajando-os sempre.

Ah, se todos os infelizes da Terra, todos os enfermos, todos os necessitados pudessem sempre encontrar alguém que os encorajasse, que os fortificasse para enfrentar melhor os embates da vida, a infelicidade da Terra seria amenizada.

Quantas pessoas ociosas existem que não pensam na dor para aplacá-la, nada veem além do que está ao redor de si mesmas, não estendem o seu olhar para encontrar um infeliz!

Se elas soubessem o quanto Deus é grato aos filhos que procuram os Seus outros filhos para auxiliá-los, mesmo que seja com uma palavra amiga, um pedaço de pão ou um remédio. Tantas bênçãos receberiam d'Ele, que suas próprias dores, estariam diminuídas.

A Terra ainda é um lugar de muito sofrimento porque é nela que os resgates dos males praticados são efetuados. Mas já teriam diminuído em muito se cada um se esforçasse para não errar, para levar o conforto do auxílio aos que sofrem, para levar uma palavra de esperança aos aflitos e desesperados, para saciar a fome dos que nada têm, para recolher uma criancinha que ficou desamparada, dando-lhe um lar.

Enfim, quanto a Terra já teria progredido se cada um praticasse a fraternidade em toda a extensão do seu significado; se fossem solidários uns com os outros, ao invés de demonstrar tanto orgulho, tanta superioridade perante os mais infelizes. Se cada um tivesse condições de avaliar o sofrimento de um irmão seu, pensando que um dia também poderia estar em idênticas condições e que gostaria de receber um auxílio, com certeza ele também levaria o seu auxílio aos que necessitam.

Entendendo tudo isso foi que a mãe de Julie aconselhou-a a que fizesse aquele trabalho, porque seria benéfico aos que o recebessem, mas muito mais benéfico para ela que o proporcionava.

Sua vida mudara completamente. Pouco pensava em si mesma para pensar nos que auxiliava. O seu campo de trabalho no hospital havia se ampliado tanto que nele passava quase todo o seu dia. Fazia lá suas refeições e ajudava bastante.

À noite, quando voltava para casa, sentia-se abençoada por Deus, e, cansada, dormia profundamente; no dia seguinte, despertava bem disposta, fazia as obrigações mais urgentes em seu lar e voltava ao hospital.

Chegava até, às vezes, dependendo da situação e da afinidade que estabelecia com algum enfermo, a visitá-lo em sua própria casa para acompanhar o seu restabelecimento.

Apenas um dia de folga semanal ela tirava para si própria, para atender às necessidades do seu lar, fazer al-

O valor das experiências

guma visita aos irmãos ou receber a que eles lhe faziam, e, no dia seguinte, retornava ao que já havia se transformado numa rotina para ela.

VI

Tarefa cumprida

Muito distante dali, a mãe de Julie, na sua morada, estava feliz pela receptividade que suas palavras haviam tido no ânimo da filha.

Sua vida havia mudado; não mais receios, mas uma disposição muito grande de auxiliar a fizera esquecer o que havia passado.

A filha estava bem, mas ela sabia que o marido e o filho não estavam, embora não estivessem juntos. Cada um, à sua maneira, em virtude de suas atitudes enquanto encarnados, passavam por um período de sofrimento a fim de aprenderem a pensar no que haviam feito, razão de tanto sofrerem.

O seu marido, pela longa vida que tivera, pelo que sofreu quando o país passou pela revolução que destituiu a monarquia e transformou a sua forma de governo; por tudo o que havia perdido sem se conformar, sempre revoltado, impaciente e ranzinza dentro do lar, passava por um período de reflexões, que muito pouco estava lhe adiantando pela própria forma como as conduzia.

Todavia, mesmo assim, estava naquela situação há um tempo razoável e merecia um auxílio para ser recolhido e recomeçar o seu refazimento.

Não sabia nem mesmo que já não fazia mais parte dos habitantes da Terra, que havia perdido o seu corpo, o que aumentava o seu sofrimento pela desconsideração que imaginava, estava sendo alvo por parte dos seus que o haviam abandonado.

A esposa sempre atenta e preocupada já solicitara autorização para auxiliá-lo, mas ainda não era o momento. O tempo foi passando, até que permitiram que ela o fizesse. Para isso, partiu com uma pequena caravana que frequentemente saía para recolher aqueles que já estavam em condições de ser trazidos para um recomeço.

Era importante que ela participasse daquela ação porque ele, constantemente irritado e impaciente, poderia deixar sublevar o orgulho que sempre fizera parte de seu Espírito e recusar.

Com ela, com suas palavras dóceis de entendimento, revelando o mais íntimo desejo de auxiliá-lo, ele não resistiria e se deixaria levar.

Da forma como o previam, com a preparação que fizeram, logo o encontraram isolado num lugar ermo, e, ao ouvir a voz da esposa, que até então nada havia visto pelas sombras fumarentas que envolviam o local, ele comoveu-se e acabou por enxergá-la, aceitando tudo o que lhe ofereciam, como as bênçãos do céu que haviam vindo a seu favor, tantas vezes havia implorado ajuda.

Dois companheiros do grupo retornaram à colônia,

O valor das experiências

juntamente com a sua esposa e o levaram para o repouso merecido, enquanto o restante do grupo continuou o seu trabalho para arrebanhar algum infeliz perdido de todos e de si mesmo, e que quisesse acompanhá-los.

O refazimento do pai de Julie foi se realizando dentro da normalidade, com a assistência da esposa, e, com vagar, ele estava se recuperando, compreendendo a sua nova condição, tendo as lembranças do que passara ainda em vida na Terra e do sofrimento que experimentara após, antes de ser recolhido.

Já estava se aproximando também o momento dela recolher o filho tão necessitado, tão sofredor, porque não soubera aproveitar a sua existência terrena, entregando-se a uma vida de vícios e prazeres, até que teve de retornar tão jovem e de forma trágica.

É o que acontece quase sempre àqueles que não conseguem pautar suas ações aqui, dentro da decência e da honestidade, furtando-se também de promover o próprio sustento.

Apesar de tudo isso o tempo passava e ele já havia sofrido bastante por sua própria negligência e uma vida desastrada. Logo também seria auxiliado para começar o seu refazimento e aprendizado intenso através de estudos e trabalhos regulares, a fim de que, quando tivesse que retornar, o fizesse em outras bases, se todos os esforços que promoveriam em prol dele, dessem resultados satisfatórios.

Enquanto isso Julie continuava na sua atividade e algum tempo já havia passado. Ela não era mais nenhuma criança, e, com o passar dos anos, a deficiência física tão natural a um corpo perecível a estava penalizando, e alguma enfermidade já a impedia de realizar bem o seu trabalho.

Mesmo assim se fazia presente todos os dias no seu

trabalho, e o hospital, compreendendo a sua situação de total dependência dos irmãos, dava-lhe um pequeno salário para ajudá-la, e que ela recebia com certo constrangimento, que não fora para isso que oferecera seus préstimos.

As suas despesas eram pequenas mas sempre necessárias. Apesar de fazer suas refeições no hospital, precisava ter um suprimento no seu lar, para alguma emergência e para o seu dia de folga. As roupas se desgastam e precisam ser substituídas e, quando a saúde se abala, medicamentos são necessários.

Consultas, ela as fazia no próprio hospital e alguns médicos eram unânimes em afirmar que, apesar do seu trabalho ser um grande colaborador para o bem-estar e a recuperação mais rápida dos enfermos, ela não deveria realizá-lo mais. Precisava descansar e cuidar-se, do contrário antes do que imaginava, se veria impedida para sempre.

Mesmo assim ela não dava atenção ao que diziam, justificando-se:

— Se precisar parar e ficar o dia todo em casa, morrerei muito antes do que se estiver trabalhando. Enquanto conseguir eu continuarei. Sei que já não o realizo de modo tão satisfatório, mas ele é necessário a mim. Se faz bem a algum enfermo, a mim faz mais ainda. Por isso, vou prosseguir.

— Depois não diga que não a prevenimos!

— Sei bem o que me aguarda, que todo esse tempo em que aqui estou aprendi muito por tudo o que vejo diariamente, mas, mesmo assim, vou continuar. Só lhes peço que, quando não puder mais comparecer aqui, que não me abandonem.

Esse era o único pedido que fazia, e ia prosseguindo. Mas a cada dia as suas energias iam se esvaindo e ela já se es-

O valor das experiências

forçava para manter-se em pé, até que chegou o dia em que foi acometida de um mal-estar maior, precisando de socorro urgente, e não a deixaram ir para casa. Era ali mesmo que deveria ficar, pois teria assistência e cuidados constantes.

Os irmãos foram avisados e visitavam-na diariamente e ela parecia melhorar.

Entretanto, quando imaginava que logo estaria restabelecida e em pé, foi acometida de nova crise que a levou instantaneamente, sem apelação, sem que nenhuma assistência pudesse lhe ter sido proporcionada.

Sua mãe estava a par do que aconteceria, pois todos nós temos o nosso tempo limitado na Terra, e já lhe fazia companhia para assistir seu Espírito, no momento do desenlace, ajudando-a também a não sofrer tanto, razão por que a sua partida foi tranquila, repentina e sem sofrimento.

O corpo descansava ainda sobre o leito enquanto avisavam os familiares, mas seu Espírito já estava sendo preparado para partir.

Irmãos abnegados do Mundo Espiritual que estagiam nos hospitais para auxiliar aqueles que sofrem e os que partem quando o corpo não tem mais recuperação, ajudavam-na também.

Antes do corpo ser levado para a sua morada permanente, seu Espírito já estava amparado e descansando, adormecido num leito da Colônia que abrigava a sua mãe, e que agora recebia mais um elemento da sua família, daquela que o fora um dia na Terra e que agora se reunia no Mundo Espiritual – a mãe, o pai e o irmão que já fora também recolhido e ainda passava por um período de refazimento.

Aos poucos Julie foi sendo trabalhada e auxiliada para que tivesse um despertar tranquilo e se sentisse, depois, perfeitamente ajustada à sua nova condição espiritual.

Wanda A. Canutti pelo espírito Eça de Queirós

A sua vida em seus últimos anos na Terra, e tudo o que fizera pela família desde a partida da mãe, davam-lhe condições de desfrutar de uma boa situação, agora no Mundo Espiritual.

Entretanto, aquele período de adormecimento era necessário para a recomposição de seu perispírito, em razão da enfermidade que ela enfrentara quando ainda na Terra, e para que repousasse antes de recomeçar a sua nova vida.

Por melhor que ela estivesse, esse período é sempre preocupante e a adaptação nem sempre tão fácil.

Por isso cuidavam dela com passes magnéticos para que tudo transcorresse normalmente, e ela pudesse, agora em outra dimensão, continuar sendo útil como o fora na Terra, quiçá ainda mais porque as condições são mais favoráveis e menos difíceis.

Era o que esperavam acontecesse. Sua mãe, sempre que possível, estava em sua companhia, transmitindo-lhe, mesmo adormecida, palavras de encorajamento e fortalecimento para que o seu despertar não oferecesse nenhuma surpresa desagradável para ela. Para que aceitasse sua nova situação como um retorno natural ao seu país de origem, como se tivesse voltado de uma longa viagem e reencontrasse os seus.

Os prognósticos que faziam eram os mais promissores e, depois do tempo que julgaram necessário à sua primeira fase de recomposição, ela foi despertada.

Conforme o esperado, depois da preparação realizada, o momento transcorreu tranqüilamente, e, em pouco tempo, ela já se encontrava ciente do que acontecera e de onde se encontrava.

A presença da mãe foi de grande importância para a normalidade da ação e a segurança que ela sentiu depois

O valor das experiências

de conscientizada do que lhe ocorrera.

Começava, assim, uma nova fase na vida de Julie, em bases sólidas e seguras. Pelo que prognosticavam, em pouco tempo ela também estaria desenvolvendo uma atividade, e, pela experiência que vivera na Terra, seria muito útil.

Perguntava sempre à mãe pelo pai e pelo irmão e já tivera informações de que estavam ali também, mas que ainda não era permitido vê-los. Assim que o fosse, ela mesma a levaria até eles.

O pai já estava bem e, lúcido da sua situação e de onde se encontrava, preparava-se também para desenvolver um trabalho, pois, nas Colônias de Refazimento não há ociosos. Ou estão passando por um período de recuperação para readquirir suas potencialidades e poder ser útil, ou estão realizando um trabalho. Mínimo que seja, de acordo com as condições de cada um, mas todos precisam dar a sua colaboração aos mais necessitados, assim como recebeu quando também precisou de um auxílio mais intenso e direto.

O irmão ainda não tinha condições de auxiliar porque precisava receber, mas já estava consciente da sua situação, de onde se encontrava, de tudo o que fizera, e ainda trazia no Espírito lembranças do que passara depois que lhe tiraram a vida.

Quando entenderam que Julie já estava preparada para auxiliar, ela foi chamada ao gabinete de um seu superior hierárquico, que tinha a incumbência de dirigir o departamento em que se encontrava.

Sem saber o que desejava dela ou o que lhe diria, ela atendeu ao pedido preocupada, mas logo foi colocada à vontade e o bondoso orientador falou-lhe:

Wanda A. Canutti pelo espírito Eça de Queirós

— A irmã deve saber que temos aqui, neste departamento, muitos irmãos nossos ainda necessitados de recomposição. Trabalhamos intensamente para auxiliar a todos, e para isso precisamos cada vez mais de colaboradores de boa vontade. Soubemos do trabalho abnegado que exercia na Terra, nos seus últimos anos de vida, e, pensando nele é que lhe preparamos uma tarefa mais ou menos semelhante a que realizava lá. Se na Terra a senhora se dedicou com amor e foi bem sucedida, aqui as condições são melhores, porque não cuidamos mais do corpo perecível, nem a senhora verá nenhum de seus pupilos partirem, porque o Espírito não perece e nenhum trabalho lhe será frustrante, mas sempre de muitas alegrias pelos resultados que irá conseguindo. Só me resta saber se concorda com o que lhe indicamos, porque aqui não impomos nada a ninguém, mas apenas propomos. A aceitação ou não dependerá apenas de si mesma. Se aceitar, sabe que estará colaborando com irmãos seus, filhos do mesmo Pai, que quer ver todos evoluindo e bem. E para isso trabalhamos.

— Em nenhum momento passou pela minha mente não aceitar. Se na Terra eu própria fui oferecer meus préstimos, como não aceitaria aqui o que me propõe, se vem justamente ao encontro do que desejava mas ainda não me considerava merecedora.

— Desde que temos amor e boa vontade, todos somos merecedores de uma oportunidade de trabalho. Se a senhora fica feliz, mais ficamos nós por poder contar com mais uma fonte de auxílio.

— Agradeço a confiança que em mim depositam e me esforçarei para fazer o melhor. Mas, onde desenvolverei o meu trabalho e como o realizarei?

O valor das experiências

— A princípio nada fará de diferente do que fazia na Terra, com a diferença de que aqui estará lidando com Espíritos libertos do corpo, e o seu trabalho ficará perene em cada um. Neste Departamento temos algumas enfermarias, todas apresentando muitas necessidades. Apresente-se ao encarregado de cada uma e vá levando a sua contribuição, distribuindo o seu tempo entre todos, e, em cada uma, entre os mais necessitados. Agora, se não precisar de nenhum esclarecimento a mais pode retirar-se, e preparar-se para começar amanhã.

— Nada mais preciso saber. Quero apenas agradecer a oportunidade.

Ao se retirar da presença do orientador, Julie, agradecida e feliz, foi à procura da mãe para contar-lhe a novidade.

Enquanto caminhava pelos corredores, seu pensamento e seu olhar eram diferentes de até então. As expectativas que trazia para a realização do trabalho, impeliam-na a que adentrasse as enfermarias para conhecê-las e ver com quem o realizaria.

Mas conteve-se, não deveria perturbar o andamento de cada uma delas, com seu cronograma sempre muito bem organizado e seguido para que nada falhasse e o serviço não perecesse. Assim era necessário. Toda atividade bem organizada e bem dirigida tem todas as possibilidades de ser bem sucedida.

Em pouco tempo encontrou a mãe, e, abraçando-a para demonstrar a sua felicidade, contou-lhe o que estava acontecendo.

— Sabia de tudo o que lhe preparavam, filha, mas nada podia dizer para que não influenciasse a sua mente com antecipação e pudesse mudar a sua atitude.

— Poderia ter me falado!

Wanda A. Canutti pelo espírito Eça de Queirós

— Aqui sempre os procedimentos devem ocorrer na hora certa sem que nada venha a influenciar ninguém, de nenhuma forma.
— Eu compreendo! O que importa é que estou feliz, e amanhã mesmo começarei a minha atividade. Lembro-me muito bem de como procedia enquanto na Terra e espero me sair melhor aqui.
— Tem todas as condições para isso! Nunca lhe falei, mas agora posso fazê-lo. Lembra-se de como a sua vida quando encarnada era insípida e monótona depois que ficou só?
— Nunca me esquecerei do que passei lá, sempre assustada e temerosa.
— Sobre isso ainda conversaremos numa outra ocasião, mas fui eu que estive no nosso antigo lar terreno e encontrei-me com você, enquanto liberada do corpo pelo sono, e aconselhei-a a que fizesse algum trabalho em favor dos necessitados que são sempre tantos.
— Não tinha consciência disso mas estranhava-me que aquela ideia tivesse partido de mim mesma.
— Naquela noite conversamos bastante, mas o que importa é que você foi receptiva ao que lhe disse, razão de ter mudado a sua vida.
— Só poderia ter sido a senhora, eu deveria ter imaginado. A partir daquele dia deixei de me preocupar tanto comigo e passei a pensar mais nos outros, no que podia fazer para ajudá-los, e comecei a ser feliz. Mais feliz sinto-me agora, que me atribuíram aquela mesma atividade para que a desenvolva aqui.
— Congratulo-me com você, filha. E, também aqui, a partir de amanhã, a sua vida ganhará outro significado.
— Assim espero. Já me sinto modificada desde agora, cheia de ideias e de expectativas.

O valor das experiências

— O importante, seja na tarefa que for, é que a realizemos sempre com amor. Até os trabalhos mais árduos e difíceis, realizados com amor, tornam-se leves e fáceis. Sabe que o peso de cada tarefa o sentimos de acordo como a encaramos. O que é muito pesado para uns, para outros é leve, dependendo da capacidade de cada um suportar.

— Sei disso, mamãe, e me esforçarei para fazer o melhor.

— Não deve pensar apenas no que fará, mas em como o fará e na repercussão que terá em cada um com quem trabalhar. Dependerá de você fazer com que eles não sintam tanto a dor por que passam, embora ela seja a mesma. De que observem, a cada manhã, a claridade que penetra na enfermaria, desfazendo as sombras escuras da noite, fazendo com que elas penetrem também no Espírito e não apenas no ambiente, a fim de que se sintam menos infelizes. Se assim o conseguir, quando a noite novamente chegar, eles a abençoarão como o momento do repouso mais profundo, sem temores, esperando que a claridade chegue, sem ansiedades, mas como o transcurso natural da noite para o dia.

— Seus conselhos são sempre muito sábios!

— São resultado da experiência de quem está aqui há mais tempo e tem passado por diversas atividades, junto de muitos necessitados, e sabe como cada um se sente. Um dia, também, nos sentimos como eles. Se em cada atividade sua, em cada palavra, pensar no quanto já sofreu, no quanto já recebeu e no quanto agora está bem, o seu trabalho será melhor realizado, porque cada palavra que lhes disser será o resultado da própria experiência.

— Aplicar-me-ei com muita dedicação e já estou ansiosa para começar.

— Você terá todo o dia de hoje para refletir, para se preparar mentalmente e o faça com intensidade. Saia, dê

Wanda A. Canutti pelo espírito Eça de Queirós

uma volta pelos nossos parques, observe a natureza, sempre tão pródiga em benefícios para nós, e sinta profundamente o que ela pode lhe transmitir. Ore a Deus pedindo a sua proteção e auxílio, que amanhã você estará preparada e realizará um bom trabalho.
— Obrigada, mamãe!
— Vá, sem perda de tempo!

VII

O imperativo da reencarnação

Uma nova fase começava na vida de Julie, a do auxílio, a do trabalho, fase esta que seria intermediária ao que já realizara com a que realizaria.

Nas condições em que se encontram todos aqueles que na Terra estagiam, o Mundo Espiritual ainda não lhes será a morada permanente. Muitas idas e vindas à Terra terão que acontecer até que o Espírito, em condições de não mais assumir compromissos, começa a ressarci-los.

Por isso uma existência terrena é cheia de percalços e sofrimentos. Os males praticados no passado precisam ser ressarcidos e nenhum mal é ressarcido sem sofrimento.

Infelizmente é a forma para que cada um pense nas suas ações, no porque de tanto sofrimento e vá se modificando. E, com a modificação, vem o aprimoramento espiritual, contribuindo para a evolução daqueles que precisam progredir.

Wanda A. Canutti pelo espírito Eça de Queirós

Assim como acontece a todos, aconteceria a Julie, e, na hora certa, ela também retornaria. Um plano deveria ser elaborado, fazendo parte dele alguns desafetos para que se transformassem em afetos, alguns inimigos para que se transformassem em amigos, a fim de que a oportunidade terrena fosse realmente profícua.

Já se pensava nessa possibilidade para ela, não obstante ainda fosse um pouco cedo. Ela deveria preparar-se mais intensamente antes de retornar e, para isso, nada melhor que uma atividade junto dos mais infelizes para auxiliá-los, para diminuir-lhes a dor, dando-lhes esperanças, e assim aprendendo e progredindo.

Julie fez o que mãe recomendou. Caminhou por entre um arvoredo que lhe fornecia energias novas; orou a Deus pedindo o seu auxílio e proteção para que fosse bem sucedida e pudesse levar o conforto aos que sofrem. E, na manhã seguinte, muito antes do horário que lhe fora determinado, já se encontrava preparada, caminhando por entre os corredores a fim de visitar a primeira enfermaria.

Ao defrontar-se com a que escolheu como sendo a primeira, parou à porta, elevou seu pensamento a Deus, pedindo-Lhe em pensamento profundo:

— Meu Pai, tanto Lhe pedi que me auxiliasse nesta tarefa que hoje inicio e agora chegou o momento. Que eu, ao adentrar esta enfermaria, esqueça completamente de mim mesma para pensar somente naqueles com quem devo conversar. Abra o meu entendimento e a minha perspicácia, para que eu diga a cada um as palavras que estão necessitando ouvir, aquelas que lhes tocarão o coração, contribuindo para estimulá-los a reagir e as sobreporem ao que sentem, a fim de superarem a situação difícil na qual ainda

O valor das experiências

se encontram mergulhados. Faça também, oh Pai, com que eles sejam receptivos e aproveitem do que lhes disser, inspirada por Ti.

Depois de alguns instantes nesse recolhimento, ela entrou e apresentou-se ao encarregado daquela enfermaria, dizendo que passaria ali algum tempo, visitando os leitos, tentando levar algum conforto e esperança aos que se encontravam necessitados, como cumprimento da atividade que lhe fora atribuída.

Em seguida, recebendo os votos de que fosse bem sucedida, Julie dirigiu-se ao primeiro leito.

O que ali estava ainda dormia profundamente e ela, compreendendo que o repouso através do sono é um grande remédio aos que sofrem, deixou-o e, olhando em torno, alcançou um leito onde um velho estava com os olhos abertos, e dirigiu-se até ele.

Assim, aos poucos, foi realizando o seu trabalho conforme a experiência que trazia da Terra, e o aprendizado por tudo o que havia observado e aprendido já no Mundo Espiritual. E, daquela enfermaria, passou a outra e outra, até que o dia terminou.

Havia dado tempo de percorrer todas, mas nem todos puderam receber o seu auxílio. Ou porque repousavam profundamente, ou porque, mesmo despertos, não tinham ainda condições de entender suas palavras. Isto não importava. O importante era que fosse trabalhando com os que estivessem mais preparados para partir para uma nova fase do seu refazimento, conforme havia acontecido com ela própria e acontece com todos em iguais condições.

O trabalho seria útil a cada um, mas muito mais útil a ela mesma que, a cada dia, iria adquirindo mais experiência e realizando o trabalho com mais eficiência e melhores resultados, e, com isso, progredindo espiritualmente pela dedicação, pelo amor e pelo empenho com que o realizava.

Os dias transcorriam e Julie aplicava-se. Alguns melhoravam e deixavam a enfermaria para iniciar uma outra fase do seu tratamento, e, para isso, passavam para um novo compartimento, enquanto outros eram trazidos e as enfermarias estavam sempre repletas de necessitados. Alguns dormiam profundamente, outros passavam grande parte do dia despertos mas ainda não podiam levantar-se, e havia também os que já realizavam pequenas caminhadas e podiam até deixar a enfermaria por algum tempo.

Julie, às vezes, também acompanhava alguns deles a esses pequenos passeios, e era nessa hora que intensificava o seu trabalho, que já não se limitava apenas ao que realizara na Terra, mas adquiria as peculiaridades circunscritas ao Espírito com a sua caminhada evolutiva.

Esse trabalho renovava-a totalmente e ela não era mais a mesma.

A alegria fazia parte do seu Espírito, bem como a vontade de mais e mais aprender para transmitir a eles, além da força e da coragem, também o conhecimento tão importante, que lhes renovaria o Espírito e os auxiliaria quando tivessem que retornar à Terra.

E Julie, que já trabalhava e estava sendo tão útil, teria também que retornar? Era óbvio que o teria e, mais os dias passavam mais se aproximava sua hora.

Era necessário que retornasse, como é necessário a todos os Espíritos que se encontram nessas Colônias de refazimento. Alguns sem tanta pressa, outros num tempo menor pelas circunstâncias em que se apresenta a situação

O valor das experiências

que vai vivenciar na Terra, bem como a disponibilidade daqueles com os quais deve conviver para o ressarcimento de débitos e o consequente progresso espiritual.

E era disso que estavam tratando. Ela sabia que uma hora ou outra teria que fazê-lo, apesar de já estar bastante adaptada à sua vida atual, no seu trabalho e em companhia da mãe.

A mãe ainda não retornaria e, de início, não faria parte de sua família, mas estaria atenta e a auxiliaria. E se no futuro fosse necessário, poderia reencarnar junto dela, do contrário continuaria ainda no Mundo Espiritual aguardando a sua vez, desvinculada dessa filha e das suas necessidades reencarnatórias nessa existência que ela teria na Terra.

Um Plano organizava-se sem que ela soubesse, a fim de não se preocupar. Mas, no momento adequado, lhe seria mostrado o que poderia e deveria saber, para que o aceitasse na íntegra ou solicitasse alguma modificação, diante do que sentisse, ainda não estar preparada para enfrentar.

É sempre assim que procedem quando é necessário, e conforme o estágio evolutivo do Espírito, porque há aqueles que têm uma encarnação compulsória e de nada participam porque seus Espíritos não têm condições de opinar. Mas há também aqueles, cujo plano é realizado em conjunto, porque conhecem as suas necessidades de ressarcimento, e sentem-se preparados e em condições de enfrentar o que lhes é necessário, a fim de, terminada a existência, retornarem mais liberados de débitos e bem mais evoluídos espiritualmente.

Julie estava num estágio intermediário entre esses dois polos. Não teria uma volta à Terra de forma compulsória, não participaria totalmente da sua programação, porque ainda não teria condições de avaliar a extensão de suas necessidades espirituais, mas opinaria.

Como no Mundo Espiritual o tempo não é avaliado como para os encarnados, e não há pressa, mas importa a eficiência do trabalho e dos planos realizados, para isso, trabalhavam.

Os acertos foram sendo efetuados, os contatos com os que dele participariam, a família onde ela renasceria, agora só faltava dar a ela conhecimento do que poderia saber, e começar a preparação mais direcionada ao seu retorno.

Alguns anos haviam passado desde que deixara a Terra, mas o retorno seria importante ao seu Espírito, sobretudo da forma como o prepararam.

Aquele que a assediara enquanto ainda encarnada e que revelara sua história antes de se render, também participaria da sua nova experiência. Seria importante que assim ocorresse, para que todos os ressentimentos e mal entendidos fossem desfeitos e, entre eles, renascesse o amor que os unira, se tudo saísse como esperavam.

Entretanto só os dois, sem aquela que promovera a desunião familiar e tantos males que aconteceram depois, pouco adiantaria, por isso, ela também participaria.

Depois daquela existência em que tanto mal fizera, tivera uma outra de dificuldades compulsórias, sofrera bastante, mas ainda não havia compreendido a extensão do mal que havia feito.

Deus dá alguns dons a Seus filhos aqui na Terra, a fim de que percebam o que está além do ambiente em que vivem, para auxiliar seus irmãos com problemas e necessidades que um mortal comum não tem alcance de perce-

O valor das experiências

ber, mas jamais o faz para que prejudiquem Seus outros filhos, ou que os utilizem em favor próprio, segundo seu interesse.

Os que assim procedem se comprometem perante Ele e precisam ressarcir os males praticados, como aconteceria com ela.

Para que um primeiro passo fosse dado para suas reflexões, ela deveria receber o bem justamente daqueles a quem tanto mal fizera, renascendo como filha deles.

Porém, eles deveriam ter conhecimento do que ocorreria e concordar, do contrário nada seria efetuado.

Não seria fácil convencê-los, sobretudo o que fora marido da que viera como Julie e o seria novamente, se ainda trouxesse mágoas do que ela fizera, mas tentariam. Seria a redenção para ela e, para ele, o perdão total e ilimitado. Alguém que ele tinha como inimiga, a teria como filha amada, e todo o rancor e até ódio, se ainda restasse algum, se desfaria.

Quando foi retirado da casa de Julie, por ter aceito o auxílio que lhe levaram, ele partiu para uma colônia de refazimento onde passou algum tempo em repouso, completamente adormecido, passando pelo tratamento que lhe era direcionado, e, ao despertar, estava bastante modificado.

Aos poucos o fizeram recordar-se dos acontecimentos passados, do local de onde havia sido recolhido, dos motivos que o levaram lá, e toda aquela história que ele próprio havia contado, retornava ao seu Espírito, mas sem o ódio que o impulsionara à vingança, culpando a esposa pelo que havia acontecido.

Agora ele era outro. Havia se recuperado e também já dava a sua contribuição a algum trabalho, mas insistia em ter notícias daqueles dois filhos que amava e que lhe foram levados de modo muito estranho.

Ainda não lhe fora permitido vê-los. Já haviam tido outra existência e, sem saber o que acontecera naquela ocasião, não traziam nenhum ódio no coração contra ninguém.

Eles também estavam incluídos nesse plano, e, juntamente com aquela que promovera o seu retorno ao Mundo Espiritual, naquela ocasião, seriam os filhos do casal que se formaria.

Julie ainda não sabia que aquele período difícil que enfrentara na Terra, quando tantos ruídos atormentavam as suas noites tirando-lhe a paz e transmitindo-lhe tanto medo, fora realizado por entidades que lá se alojavam para prejudicá-la. Que promoviam uma vingança, e, muito menos, que quem promovera fora alguém com quem ela já partilhara uma existência terrena.

A sua mãe não viu, no conhecimento que pudesse lhe dar dos bastidores daquela situação, nenhum interesse maior, pelo contrário, poderia preocupá-la mais. Entretanto, na iminência de voltar ela deveria saber com quem voltaria.

Ela não levaria os dons que havia levado naquela oportunidade, mesmo sem nada entender deles, e teria uma existência com o pleno domínio de si mesma, da sua mente, da sua consciência, sem que nenhuma entidade, nem ninguém pudesse interferir em nenhum momento. E, mesmo que se aproximassem, que sempre há muitos que perambulam sem destino, ela nada sentiria, nem ninguém faria com que sentisse ou entrasse em contato com eles.

O mesmo, porém, não podemos dizer daquela que lhe seria filha. Ela traria, em si, as mesmas possibilidades que trouxera anteriormente e, como muito tempo havia passa-

O valor das experiências

do, pelo que sofrera e pelo que se preparara, esperavam que, em nenhum momento, as utilizasse indevidamente, mas tão somente para auxiliar.

Tudo estava sendo preparado para que acontecesse o melhor, e que cada um, ao retornar depois de cumprir a sua existência, trouxesse muitos débitos quitados e muito auxílio prestado através do aprendizado colocado à prova.

Cada um por sua vez, em seu local, sem que se encontrassem, já estava sabendo que retornaria. Algumas poucas informações lhes iam sendo transmitidas para que pensassem nelas, procurando integrá-las ao seu Espírito e se trabalharem convenientemente.

Julie, quando tivesse notícias de que a sua preparação mais direcionada ao retorno devesse começar, teria algumas informações a mais para que se fortalecesse.

Aquela sua existência, causa da vingança daquele que fora seu marido, lhe seria mostrada em seus pontos necessários, e ela partiria mais convicta das responsabilidades que levaria. Nada ainda lhe seria revelado do assédio que sofrera para que não partisse com alguma prevenção contra o que seria seu marido, e nada influísse negativamente no relacionamento de ambos.

Já haviam se amado bastante e era aquele amor que pretendiam fazer reviver para que fossem bem sucedidos na tarefa que levavam, principalmente em relação aos filhos que teriam.

O que seria seu marido deveria saber que receberia como filha aquela que acusara de promover a desgraça da sua família, para ajudá-la. Estaria nele o ponto mais importante de auxílio, quando alguns dons se revelariam nela, para que os compreendesse e a auxiliasse a fim de que nunca ela os utilizasse para o mal. Se ele não tivesse esse conhecimento e não se preparasse para isso, no momento em que a filha revelasse algumas possibilidades, as que iam além do que os nossos olhos podem ver, ele poderia fazer reviver todo aquele ódio que já sentira e perder uma oportunidade tão promissora.

Dessa forma, uma conversa uma vez, uma informação outra, uma orientação quando necessária, eles iam se organizando até que o momento em que cada um deveria se recolher para a preparação propriamente dita, necessária a todos os que vão reencarnar, chegasse.

Aquele que deveria vir primeiro como chefe de uma nova família que se formaria, já estava pronto, consciente do que lhe caberia realizar.

Não seria fácil como ele mesmo julgou o que lhe propuseram, mas tendo em vista resgates e aprimoramento espiritual, prometeu esforçar-se para fazer o melhor.

Em poucos dias estaria na Terra, na família que fora escolhida para recebê-lo, considerando-se um conhecimento anterior, para que não só o que traria para realizar com a família que formaria fosse levado em conta, mas também situações outras que precisavam ser reparadas.

Ele nunca tivera nenhum encontro com a que fora Julie na última oportunidade terrena, mas ambos estavam cientes de que se encontrariam na Terra, para que desentendimentos passados fossem ressarcidos, como também a incumbência de reencaminhar aquela da qual guardavam ressentimentos.

Julie esperaria mais um pouco, mas a família onde renasceria também já estava determinada, da mesma forma que a dele, para que se aproveitasse todas as oportunidades que uma encarnação pode favorecer. Ela renasceria na mesma cidade que ele e se conheceriam já durante a infância, para que os elos entre ambos fossem se formando.

O valor das experiências

O país seria aquele que lhes oferecesse as oportunidades para o que necessitavam, e de acordo com a residência dos que os receberiam.

O lugar onde se renasce é sempre muito importante pelos resgates que cada um tem de realizar, pelas tarefas que traz para desempenhar, para que ofereça, àqueles que recebe, as possibilidades de que necessitam ou os meios que lhes facilitem a vida de acordo com os planos estabelecidos, ou que lhes dificultem, de acordo com os resgates que trazem.

Por isso há tantas disparidades no mundo: ambientes progressistas que favorecem o desenvolvimento da inteligência e meios de estudo e trabalho, em consonância com o que precisam realizar. Mas há também lugares de muito sofrimento, pela própria configuração geográfica, que não oferece meios de promoverem a necessidade primeira do ser encarnado que é a alimentação.

Deus sabe das necessidades de cada um, e os coloca onde será melhor para o seu Espírito.

Assim também seria para eles. Teriam todas as oportunidades que a vida pode oferecer, – as de alimentação, de aprimoramento intelectual – e caberia a cada um deles fazer por merecer que essas possibilidades aumentassem cada vez mais pelo esforço honesto, pela dedicação, pela ajuda aos mais necessitados, sem nunca, em nenhum momento, precisar se apoderar de algum bem indevido, a fim de que nunca tivessem que renascer num lugar de muito sofrimento.

O que viria em primeiro lugar já se encontrava nos braços dos pais. Era o primeiro filho de uma união que acontecera um ano antes, uma união de muito amor, por isso o ente que chegava era recebido com o mesmo amor que os pais se dedicavam, agora estendendo-o ao filho já tão querido.

Wanda A. Canutti pelo espírito Eça de Queirós

O pai não cabia em si de contente, e a mãe, feliz por proporcionar ao marido a extensão deles mesmos, com o filho no colo, dizia-lhe:
— Veja, querido, como ele é forte e belo! Quero que seja como você, que me faz tão feliz.
— Hoje quem me faz feliz é você, minha querida, por esse presente abençoado por Deus.
— Estamos todos muito felizes. Que nome daremos ao nosso filho querido?
— Havia pensado em Augusto. Sempre gostei desse nome. Parece-me que aqueles que assim se chamam já são escolhidos desde que nascem, porque são augustos e serão felizes. Quero que nosso filho seja muito feliz!
— Ele o será, junto de nós que nos amamos e que o amamos tanto. Também gosto desse nome. Ele será o nosso Augusto.

O primeiro Espírito já chegara, já estava reencarnado e recebendo muito amor dos familiares. Teria que cumprir a encarnação juntamente com os outros que aguardavam o momento de retornar.

Resta-nos, agora, aguardar a chegada da que lhe seria esposa, no tempo adequado, para que os outros, nascendo deles, se reunissem numa nova família que a partir deles se formaria, cumprindo a sua programação de vida, para o ressarcimento de débitos e para progredirem espiritualmente.

VIII

Cumprindo o plano

Augusto crescia e fortalecia-se sem saber a que viera e o que fora preparado para ele.

No entanto, à margem do seu conhecimento, que ninguém deve saber, quando encarnado, do plano que trouxe para realizar, a sua existência ia se cumprindo e já chegara o momento daquela que fora Julie na última existência e havia sido sua esposa numa de tempos mais remotos, também ser trazida para a Terra.

Ela não renasceria, como ele, numa família com boas condições financeiras e meios de promover todas as suas necessidades, sem sacrifícios, mas seria numa família onde a luta pela sobrevivência era grande, conquanto sempre pautada pela correção de atitudes, resultado de um caráter ilibado.

Não seria a primogênita, porque antes dela havia dois outros filhos, ambos homens.

Wanda A. Canutti pelo espírito Eça de Queirós

Cada vez que um filho se anunciava naquela família, era uma preocupação pelo que acarretaria. As dificuldades seriam maiores, as lutas mais intensas, mas quando viam o rostinho daquele que nascia, esqueciam receios e a vontade de lutar aumentava mais.

Naquela casa o casal trabalhava. O marido em serviços grosseiros e a esposa, embora preferisse ficar em casa cuidando dos filhos, era obrigada a entregá-los diariamente a uma instituição que cuidava de crianças enquanto as mães trabalhavam, e partia para auxiliar nas atividades domésticas de outra família.

Se prestarmos atenção no momento em que ela chega à casa onde trabalha, vamos verificar que é a mesma na qual chegara Augusto.

Era empregada na casa dos pais dele e ajudava a mãe do menino nos afazeres domésticos, enquanto ela cuidava do bebê, e, mesmo que ele estivesse tranquilo, dormindo, ela não tinha necessidade de fazer essas tarefas porque podia pagar quem as fizesse por ela.

Nunca fora habituada a esse tipo de serviço e seu marido ganhava o suficiente para sustentar a família com conforto e algumas regalias, como proporcionar à esposa alguém que lhe fizesse as tarefas domésticas, dispensando-a dessa obrigação.

Quando Marta, a criada que a servia, percebeu que abrigava em si um outro filho, a preocupação foi grande por tudo o que acarretaria. – Maiores despesas e até o impedimento de trabalhar.

O marido, não tão preocupado quanto ela, ainda lhe respondeu:

— Já imaginou se depois dos nossos dois meninos agora vir uma menina? Pense nisso, Marta, e não fique triste.

O valor das experiências

— Sei que não devemos ficar tristes se Deus nos abençoa com mais um filho, mas não posso deixar de preocupar-me por tudo o que envolve a chegada de um bebê em nossa casa.
— Trabalharemos mais, se necessário for!
— Como? Onde? Por mais trabalhemos, o nosso salário é sempre muito pequeno.
— Deus nos ajudará! Se é Ele que está nos enviando mais um filho, não nos deixará ao desamparo.
Depois destas palavras e como nada podiam fazer senão esperar a hora do nascimento, Marta conformou-se. Mas, assim que teve oportunidade, comunicou à patroa que esperava um novo filho, e ela, preocupada consigo mesma, respondeu:
— Você não vai me deixar por isso, vai?
— Como posso dar-me ao luxo de deixar o emprego? Espero apenas que eu esteja bem para poder realizar o meu trabalho aqui, porque preciso do salário que recebo.
— E depois que seu filho nascer o que pretende fazer?
— Continuar o meu trabalho se a senhora permitir, dando-me alguns dias até que me restabeleça.
— E o que fará com o bebê?
— Ainda não sei, não pensei nisso, mas não posso parar de trabalhar.
— Você sabe que gosto muito do seu serviço e não desejo perdê-la, por isso proponho-lhe que, quando o bebê nascer, e até que possa deixá-lo junto com seus filhos, que o traga consigo. Poderá cuidar dele aqui sem prejuízo do seu trabalho. Os bebês, enquanto ainda novinhos, não dão trabalho desde que estejam alimentados e limpos, e isso você poderá fazê-lo aqui. Assim não a perderemos.

Wanda A. Canutti pelo espírito Eça de Queirós

— Se a senhora fizer isso por mim serei grata a minha vida toda.
A partir desta conversa, Marta ficou mais tranquila. Continuou a realizar o seu trabalho, e o tempo foi passando. As dificuldades aumentavam mais se aproximava o dia do nascimento, mas ela estava firme, cumprindo suas tarefas, até que em uma manhã, assim que chegou ao trabalho, começou a sentir-se mal, e, como não era o primeiro filho que teria, percebeu que era chegada a hora do seu nascimento.
Assim mesmo, com muito esforço, voltou à sua casa e pediu à vizinha que chamasse a pessoa que a atendia nessas ocasiões, e, em pouco tempo, tudo estava resolvido, como se cada filho que chegava fosse mais fácil o momento de vir à luz.
Quando tudo estava consumado, Marta perguntou à senhora que a atendeu:
— É um outro menino? Ele é forte e perfeito?
— É forte e perfeito o seu bebê, mas não é outro menino. Desta vez nasceu-lhe uma menina!
— Uma menina! – exclamou ela, demonstrando alegria, por lembrar-se do desejo do marido.
— Sim, uma menina! Uma bela menina!
— Muito obrigada pelo que fez por mim. Não fosse a senhora não sei como teria sido.
— Você é forte e saudável e por ser sempre muito ativa, seus filhos não têm dificuldade para nascer.
Marta pensava apenas no marido, na sua bondade e no desejo que tinha de ter uma filha para, junto com os dois meninos, quem sabe, encerrar o número de filhos.
Viviam com dificuldade mas Deus lhes dava saúde e lutariam. Ele não os deixaria ao desamparo para que pu-

dessem criar bem seus filhos.

Quando ele voltou para casa, teve a surpresa de encontrar a esposa liberada do peso que a impedia de trabalhar e de sentir-se bem, e a alegria de encontrar a filha que tanto desejava.

— Agora nossa família está completa. Se Deus não nos mandar mais nenhum filho, já estou feliz. Nada nos falta.

— Nada falta? Precisamos de tudo!

— Há aqueles que têm muito menos que nós. Não podemos nos queixar, temos saúde e criaremos nossos filhos. Se não temos o que as famílias abastadas têm, temos saúde e podemos trabalhar. Só isso é uma bênção! Mesmo o nosso trabalho, não sendo tão rendoso, está de acordo com a nossa capacidade e conhecimento.

Ele estava certo. Nunca tiveram maiores oportunidades porque suas famílias de origem nunca puderam lhes proporcionar, mas foram criados com amor, sabendo respeitar-se um ao outro e assim também criavam os filhos.

Os primeiros dias passaram. As vizinhas ajudavam Marta, e, quando ela sentiu que já estava em condições de realizar algum trabalho, foi à casa da patroa dizendo que retornaria. Porém, por alguns dias, apenas a ajudaria no que fosse possível até que pudesse retomar todas as suas tarefas.

A patroa concordou porque já estava cansada, e, pelo destreinamento, nem sempre as tarefas ficavam bem realizadas.

O tempo foi passando, e, aos poucos, Marta voltou a ser aquela de antes, enquanto sua filhinha também se desenvolvia bem e estava ficando viçosa.

Augusto, o filho da patroa de Marta, quando o bebê

estava em sua casa, estava sempre à volta dele. Achava-a bonitinha, olhava-a com ternura, e quando Marta ia embora no fim do dia e a levava, ele pedia-lhe que a deixasse.

Ele já estava com três anos e não possuía nenhum irmão, por isso encantava-se com a pequena que recebera dos pais o nome de Anne.

Entre dificuldades e muito trabalho, o tempo foi passando, Augusto não ganhou nenhum irmãozinho e estava cada vez mais apegado à Anne, cuja mãe continuava a trabalhar em sua casa.

Ali Marta estava bem, era considerada, bem tratada e, à medida que Anne crescia, a mãe de Augusto, que nada tinha a fazer, ficava com ela e o filho, incluindo-a em todas as brincadeiras que realizava com ele, inclusive nos passeios que fazia, levando-os pelas imediações para se distraírem. Tomava um em cada mão e soltava-os apenas quando chegasse a algum lugar onde ambos poderiam brincar à vontade, correndo e se juntando às outras crianças, sempre sob os olhos atentos dela.

Nesse particular, Marta sentia-se muito feliz, ao mesmo tempo temia e costumava comentar com a sua patroa.

— Fico feliz que goste de Anne e a trate como trata Augusto, mas tenho muito medo.

— Ora, medo de quê?

— A senhora sabe que somos pobres e nada podemos dar a nossos filhos além do necessário para a sua sobrevivência, e Anne, passando o dia aqui e sendo tratada como o é, pela senhora, poderá pensar que a vida é fácil, e reclamar quando estiver em casa com os irmãos.

— Ela tem feito isso?

— Ainda não! Anne tem apenas três anos e ainda não

O valor das experiências

sabe o que é necessidade nem conforto, basta que esteja em companhia dos pais, mas temo pelo futuro.

— Eu a ajudarei, Marta. Posso proporcionar a Anne um pouco mais do que você, e, como não tenho outro filho além de Augusto, faço-o com amor.

— É justamente pelo que vejo que já faz por ela, que temo. A senhora sabe que aqui sou apenas uma empregada e tenho medo do futuro. Não sei o que poderá acontecer. A vida muda muito e, se não puder trabalhar, Anne poderá não se acostumar mais em casa e até sentir vergonha de nós.

— Não pense assim, Marta! Você deve conversar sempre com ela, para que saiba que vocês é que são os seus pais. Gostamos muito dela, mas deve saber que vocês não podem lhe dar o que tem aqui. É uma questão de educação!

— Eu compreendo, mas não será fácil!

— Enquanto continuarmos ambas nesta cidade, e sei, nem você nem eu temos intenções de sair daqui, enquanto você tiver saúde para trabalhar, estaremos sempre juntas. Gosto de Anne, ela é uma menina adorável, e, quando saio com ela e Augusto, muitos pensam que é minha filha.

— Pois é justamente disso que tenho medo. Que ela pense que é sua filha e me despreze.

Marta estava preocupada mas não podia mudar o rumo dos acontecimentos. Precisava do emprego e era feliz porque era considerada e gostavam de sua filha naquela casa.

Conversaria sempre com ela fazendo-a ver a realidade de sua casa, mas não podia impedir que gostassem dela, nem retirá-la dali por isso, ou deixar o emprego ao qual estava habituada para aventurar-se a procurar outro que não sabia o que poderia acontecer.

O tempo foi transcorrendo. Augusto começou a frequentar uma escola e Marta ficou mais tranquila pois, nas horas em que ele não estava em casa, Anne ficava mais em sua companhia.

Mas o tempo segue seu rumo, seus filhos também já frequentavam escola, não a mesma de Augusto, mas estavam se instruindo, até que chegou a vez de Anne. Já completara a idade mínima com que poderia começar a aprender, e a patroa de Marta fez questão de colocá-la na mesma escola que Augusto frequentava, embora ele já estivesse três anos na sua frente.

Marta argumentou mas não adiantou, e os dois iam juntos, diariamente, e voltavam para casa felizes.

Augusto logo queria saber o que Anne havia aprendido, queria examinar os seus cadernos, e, na hora das lições de casa, ajudava-a como se fosse um professor.

Dessa forma a amizade entre ambos unia-os cada vez mais. Das brincadeiras começavam as primeiras responsabilidades que cada um desempenhava com dedicação, para que depois lhes sobrasse um tempo para algum entretenimento, antes que Marta levasse a filha embora.

Da infância vem a adolescência e Anne tornava-se uma menina muito bonita. Augusto já estava com quinze anos. Seus estudos intensificavam-se e, quando chegasse a hora, queria estudar leis, pelas quais se interessava desde que tivera sua atenção despertada para os mais necessitados e pelas injustiças de que muitos eram vítimas.

Anne entendia muito pouco sobre isso quando ele lhe falava, dizendo que não queria estudar muito tempo mais. Seus irmãos já estavam ajudando os pais de alguma forma e ela também gostaria de fazer alguma coisa por eles. Sua mãe trabalhara muito, e, apesar de ainda bem disposta, estava mais cansada e merecia um descanso, mas, o que faria?

Nunca fizera nada, não estava habituada a nenhum trabalho. Nem à mãe ajudava pois ia à escola, voltava, ficava ocupada com as lições e pouco tempo lhe sobrava.

Quando podia, ia dar uma volta com Augusto que já a olhava com outros olhos, não mais aqueles como se ela fosse sua irmã, e até chegara a dizer à mãe:

— Quando me formar, quando tiver condições, vou casar-me com Anne.

— O que é isso, meu filho? Vocês são como dois irmãos!

— Mas não o somos e nada impede que nos casemos um dia.

— Se isso acontecer, só me deixará feliz. Conhecemos Anne que foi criada aqui em casa, ela está se tornando uma menina bonita, conhece os costumes da nossa família e, se ela também tiver esse mesmo pensamento, me fará feliz. Mas o que ela diz sobre isso?

— Ainda é muito cedo para lhe falar. Quando chegar a hora saberei como fazer.

Depois desta conversa, numa ocasião em que ambos estavam na escola, a mãe de Augusto falou à Marta:

— Você sabe o que Augusto me disse um dia destes?

— Como poderei saber?

— Disse-me que quando tiver condições, quando estiver formado, se casará com Anne.

— O quê!? – exclamou Marta espantada.

— Isto mesmo que ouviu e, se acontecer, saiba que gostarei muito.

— Somos pobres, senhora! Augusto é um menino que tem tudo e terá um grande futuro.

— Ele quer ser um advogado!
— Então! Nós não somos nada, Anne é filha da criada da casa.
— Você sabe que gostamos muito de você, tantos anos conosco, Anne foi criada nesta casa. Pelo menos a conhecemos bem, ela nos conhece e eles têm a possibilidade de ser felizes.
— A senhora pensa assim? Sabe que nada temos! Não se envergonhará de que seu filho se case com a filha da sua criada?
— Que é nossa filha também!
Depois de todos esses argumentos, as duas começaram a rir, percebendo o quanto estavam se antecipando numa questão que nem sabiam se aconteceria, e Marta falou:
— Estamos aqui conversando como se os dois estivessem em idade de se casar e já estivesse tudo decidido. A minha Anne é praticamente uma menina e Augusto tem muito pela frente ainda.
— Mas o tempo passa e, quando menos esperamos, o que imaginávamos fosse uma brincadeira de criança, torna-se realidade.
— A senhora tem razão. Veja quantos anos estou aqui! Trouxe Anne para esta casa com alguns dias de vida e agora ela está se tornando uma mocinha.
— E muito bonita!
— De fato Anne é bonita, mas deixemos o futuro ao futuro, que ele se encarregará de fazer acontecer o que deve acontecer. Nós não somos ninguém para mandar nele nem mudar nada.
Marta passou a prestar mais atenção em Augusto quando estava com Anne, quando estudavam juntos, e, de fato, ele não era mais aquele menino que brincava inocen-

O valor das experiências

temente com sua filha como se dois irmãos o fossem.

Ela percebia que, quando Anne estava de cabeça baixa, atenta ao que lia ou ao que escrevia nos seus cadernos, muitas vezes Augusto parava o que estava fazendo para olhar para ela.

Algumas vezes Anne também o surpreendia assim e ele dava algumas desculpas: ou estava pensando nos seus afazeres, nas provas que teria e tinha o olhar disperso, e, sem perceber, parara nela, ou dizia que ela estava tão quietinha que ele queria ver o que ela estava fazendo.

Nunca dissera nada para ela, mas Marta preocupava-se. Ele era um rapaz de quinze anos apenas, mas forte e alto aparentava ter mais idade.

A sua Anne, ao contrário, de traços delicados e ainda uma quase menina que começava a ter o corpo modificado, era frágil.

Marta nada dizia à filha nesse particular para não despertar nela o que ainda permanecia obscuro, a fim de que sentimentos inadequados e esperanças vãs não ocupassem o seu coração, atrapalhando o seu desenvolvimento sadio de menina ingênua.

Percebia-se que ela gostava de Augusto, fora criada com ele e deveria considerá-lo como a um irmão, até mais que os seus próprios pela convivência maior que tinham.

No momento adequado, porém, ela teria também o coração despertado por sentimentos que consideraria estranhos, que a preocupariam, mas o programado teria que se cumprir para que ambos tivessem uma existência juntos, formando uma família que receberia aqueles que seriam seus filhos, a fim de que resgates fossem efetuados.

Enquanto esse momento não chegasse, eles viveriam

um sonho. E quando o coração de ambos estivesse plenamente despertado para o amor, e, ainda mais, com a aquiescência de ambas as famílias, apesar de Marta reconhecer bem a sua condição, a felicidade dos dois seria maior ainda.

Mas não vamos antecipar acontecimentos que nem sabemos os rumos que tomarão e aguardemos.

Quando no Mundo Espiritual, um plano é elaborado para os que devem retornar, quase sempre com a participação ou aquiescência deles, diante dos resgates a efetuar, mas em aqui estando, nem tudo acontece conforme esperavam e precisavam.

Um ou outro se desvia, deserta, iludidos por outros atrativos colocados em seus caminhos para que demonstrem o que aprenderam e que sabem resistir, mas falem e tudo se modifica.

Os resgates ficam postergados para outras oportunidades, não obstante, seja em que situação for diante das provas por que passamos, estamos resgatando débitos, mas podemos também, diante das nossas atitudes frente a elas, nos comprometermos mais.

O tempo foi transcorrendo. Augusto já cursava uma faculdade, e Anne, com o auxílio da mãe dele, também fazia um curso que lhe daria uma profissão, conforme ela mesma escolhera.

Marta, apesar de cansada e ansiosa para ficar em sua casa cuidando dos seus e não mais tão atarefada, ainda precisava trabalhar. Esperava, porém, que quando Anne se formasse, ela poderia deixar o emprego, não desejando ser ingrata com sua patroa, mas também tinha direito a um descanso.

Seus filhos ganhavam o suficiente para junto com o pouco que o pai ganhava, manterem a casa, mas Marta não queria parar de trabalhar antes que Anne se formasse, porque se não lhe proporcionassem mais os estudos, ela não teria condições de continuar.

É verdade que a mãe de Augusto gostava muito de Anne mas, a oportunidade de estudos que lhe oferecia, trazia, em si, uma outra intenção.

Ela sabia que Augusto gostava dela e, à medida que o tempo passava, Anne também teve a sua atenção despertada para ele. Como estava correspondendo aos sentimentos dele, nada demorou que ele se declarasse e, iniciou, entre ambos, um namoro, para a preocupação de Marta.

Por isso, a mãe dele, já antevendo o que aconteceria, queria proporcionar a ela condições de também se aprimorar e adquirir mais cultura para, junto de seu filho, conviverem no mesmo nível de educação, que isso é sempre muito importante entre os casais.

Esperavam apenas que Augusto obtivesse o seu diploma, que fosse encaminhado para o exercício da profissão para a qual se preparava, para depois se casarem.

Anne estava feliz antevendo para si a continuidade do conforto de que desfrutava na casa dele, bem diferente do que enfrentava em sua própria casa, quando para lá voltava com a mãe, em cada fim de tarde.

Era óbvio que Anne poderia permanecer na casa dela há alguns anos, já era adulta e poderia até tomar conta da casa liberando a mãe de tantas obrigações, quando voltava, mas não fora acostumada. Apesar de filha da empregada, fora criada como o próprio filho da patroa, e não seria agora que iria mudar, ainda mais que prognosticava para si mesma uma vida bem diferente da que sua mãe tivera, quando pudesse casar com Augusto.

A vida foi transcorrendo, sem que nenhum acontecimento os tivesse retirado da rotina habitual de um namoro que caminha para o noivado e, posteriormente, para o casamento.

O pai e os irmãos de Anne consideravam-na venturosa por ter tido uma sorte diferente da deles, com mais conforto e possibilidade, ainda mais que se casaria com o filho da patroa de sua mãe.

Ninguém sabia, mas os acontecimentos haviam sido assim dispostos justamente para que ambos, que deveriam formar uma nova família, se encontrassem, e um fosse conhecendo o outro, o que lhes facilitaria a convivência após o casamento.

Quando entenderam que o matrimônio poderia ser realizado pelo rumo que a vida de Augusto tomara, – já havia completado seu curso, e, com o diploma em mãos, algumas portas estavam se abrindo para ele, – nada mais faltava para que a cerimônia fosse marcada e todas as providências tomadas.

Anne, que escolhera um curso não tão longo, também trabalhava e, com o resultado do seu trabalho, ia formando o seu enxoval, não obstante a sua futura sogra a ajudasse bastante nesse particular e sempre chegava com algumas peças que o enriqueciam.

Para Marta e seus familiares, a cerimônia deveria ser simples pela própria posição que enfrentavam, mas os pais do noivo, com um único filho, desejavam para ele um dia muito especial, com muitos convidados e tudo o mais que pudessem lhe proporcionar.

Marta já havia avisado a patroa que, após o casamento, deixaria o emprego. Era grata por tudo o que recebera naquela casa, estimava-a como se fosse um membro da sua própria família, mas os anos haviam passado e ela precisava descansar. A sua saúde não era mais a mesma apesar de ainda disposta, mas desejava dar alguma assistência à filha, ao menos no início do casamento. Anne não possuía nenhuma prática de gerência de uma casa, e a mãe sentia-se na obrigação de orientá-la e auxiliá-la.

Anne também teria uma auxiliar para os serviços domésticos, que a posição do marido exigia, mas quem não sabe fazer não sabe mandar, e era o que Marta queria ensiná-la. Torná-la uma verdadeira dona de casa, não aquela que precisa fazer todo o serviço, mas a que sabe enxergar as falhas e as necessidades e gerenciar todas as tarefas de modo eficiente.

De alguma forma Marta sentia-se culpada por ter criado a filha como criou, mas, dentro das circunstâncias em que vivia, nada poderia ter sido diferente. Agradecia a Deus a sorte que tivera de trabalhar em uma casa onde fora sempre muito considerada, ainda mais sua filha.

Os preparativos começaram a ser realizados, a mãe de Augusto sentia muito que depois não teria mais Marta consigo, mas entendia que ela tinha direito de descansar, ainda mais que orientaria a filha e isso refletiria na vida de seu filho.

Pediu apenas que ela não a deixasse só, antes que conseguisse outra pessoa que pudesse conviver com ela alguns dias na casa, a fim de receber as instruções de como as tarefas eram realizadas segundo o gosto dos patrões.

Marta concordou, entendendo que assim deveria ser, e, alguns poucos dias antes do casamento, mais uma outra senhora estava na casa, aprendendo os costumes de cada um e ajudando também naquele período de tantos afazeres.

A casa onde Augusto e Anne iriam morar já estava

preparada, e o dia da cerimônia chegou. Todos os detalhes, minuciosamente preparados, não deram motivo a críticas de ninguém, mas só elogios.

A noiva estava linda. A mãe de Augusto, agora sua sogra, a presenteara com um lindo vestido. A igreja foi decorada com requinte, assim como a festa, depois, realizou--se com o mesmo cuidado.

Os noivos fariam uma pequena viagem para desfrutarem dos primeiros dias de vida em comum, vivendo plenamente um para o outro, sem que as obrigações pudessem interromper aquele interlúdio de amor.

Esses dias são sempre de muitas juras de amor, de planos e esperanças, para uma realidade que logo mais enfrentariam. – Uma nova família, com tudo o que decorre dela em obrigações e responsabilidades.

Nos dias em que viajavam, Marta deixou a casa bem arrumada e em ordem, para que eles, ao retornar, já começassem a desfrutar do seu lar, sem preocupações.

A auxiliar de Anne também já estava contratada, e, nos primeiros dias, ela contaria com as orientações de Marta que já deixara o seu emprego, para tristeza da sua patroa, para poder dedicar-se um pouco à filha, descansar e dedicar-se também à sua própria família, sempre relegada a si mesma, pelas suas obrigações de trabalho.

IX

Uma surpresa

Os dias em que os noivos poderiam ficar ausentes se completaram e eles retornaram cheios de felicidade.

A mãe de Augusto recebeu-os para um jantar em sua casa, antes que as responsabilidades de uma nova família fossem iniciadas. Os pais de Anne também foram convidados e Marta passara o dia todo no seu antigo emprego para ajudar.

Quando eles chegaram, tudo já estava preparado e a mesa posta, para uma primeira reunião de ambas as famílias.

A noite transcorreu em alegrias, mas o cansaço da viagem não permitiu que o novo casal permanecesse por muito tempo. Assim, após o jantar entremeado com as novidades que eles, entusiasmados, contavam, retiraram-se, e o mesmo fez a família de Marta.

Ela queria permanecer ainda mais para colocar ordem

na cozinha, mas sua antiga patroa e agora somente amiga, não permitiu, dizendo:

— Hoje vocês foram meus convidados, pela nova família que formamos. Aceitei a sua ajuda durante o dia pela experiência que tem e pela segurança que me dá, para que nada saísse errado, mas agora, não. Vá para a sua casa, descanse feliz pela felicidade que sua filha demonstrou.

— Que também devo à senhora!

— Eu nada fiz senão permitir que o amor de ambos se concretizasse. O resto foi mérito deles mesmos. Depois, se realmente existe o destino, tudo saiu como ele preparou, desde a sua chegada a esta casa, trazendo-a no seu seio maternal de amor, e depois, já desligada de você, trouxe-a para a nossa alegria. Eu só tive o Augusto, e Anne foi a minha segunda filha. Você sabe o quanto gostamos dela.

— Sinto-me feliz por suas palavras e por tudo o que vivemos aqui nesta casa, eu e Anne, e, por isso, serei sempre agradecida à senhora.

— Agradeça aos seus próprios méritos. Agora vá, que deve estar cansada.

Começava, a partir daquele dia, uma nova etapa do plano cuidadosamente preparado no Mundo Espiritual para Anne e Augusto. – O encantamento do namoro, depois da amizade fraterna que os unira desde crianças, a alegria do noivado e a felicidade do casamento.

A partir de então, começaria o período de responsabilidades e preparação para receberem aqueles seres que se encontravam no Mundo Espiritual aguardando o momento do retorno.

Não queremos dizer com isso que o encantamento de amor que existia entre ambos fosse terminar, que não iria. Quanto maior ele for, quanto mais tempo permanecer entre os que compõem o casal, mais felizes serão e mais felizes também os que receberão, porque encontrarão um lar estruturado e solidificado no amor, tão importante para aquele que chega.

Três entes estavam preparados aguardando o momento da volta. Um não sabia do outro, porque assim deveria ser, a fim de que nenhum momento anteriormente vivido sublevasse de seus Espíritos, causando alguma animosidade entre eles.

Sabemos que o esquecimento é importante ao ser que reencarna, a fim de que o recomeço não se efetive com prevenções e preconceitos, mas que a oportunidade seja proporcionada justamente para que o que trazem de negativo seja transformado em amizade duradoura.

Dois dos filhos de Augusto e Anne, de outras eras, deveriam vir para nova união de amor. O outro ser que concordaram em receber, era aquela que os prejudicara, para que fosse reencaminhada para o bem.

Ela teria novamente algumas possibilidades que já possuíra, mas Anne nada trazia do que fora utilizado um dia, justamente para que nunca se deixasse levar por ela, mas tivesse lucidez e equilíbrio de conduzi-la no bem.

Tudo estava preparado e os irmãos, outrora tão prejudicados, também a auxiliariam.

Os dois viriam primeiro para só depois ela chegar, contando não só com o amor dos pais que de nada se lembrariam, mas com o dos irmãos que a receberiam como uma princesinha que chegava na casa. Assim deveria ser a fim de que o programado se cumprisse.

Estabelecido o plano era só aguardar a sua realização. Uma parte dele já fora concretizada, justamente a dos pais, a matriz que permitiria que os outros, através deles, do amor que se dedicavam, tivessem acesso ao plano terrestre para cumprirem sua programação de vida aqui, sempre tão necessária para o aprimoramento do Espírito e a consequente evolução espiritual da qual ninguém foge.

Se tudo já fora preparado com carinho e minuciosamente; se o lar já estava constituído por duas pessoas que se amavam, e se o programado deveria cumprir-se, por que esperar mais?

Por que não trazer logo os Espíritos que reencarnariam para cumprirem a sua nova existência?

Era o que fariam. Nada mais precisava ser esperado.

O Mundo Espiritual, atento ao que se realiza aqui na Terra, sobretudo quando espera a efetivação do que já fora planificado, e até auxilia para que os acontecimentos vão ocorrendo de forma favorável aos que necessitam, houve por bem decidir que o momento era chegado.

Uma grande surpresa aguardava o casal ao nascimento do filho que nem ainda esperavam, mas preparava-se, no Mundo Espiritual, para que os dois que seriam seus filhos, viessem de uma só vez.

Para que esperar que um viesse para depois vir o outro?

Os dois juntos propiciariam um amor mais intenso entre eles, uma amizade mais profunda, e assim o fariam.

Aguardavam apenas o momento favorável para serem trazidos, e, na hora certa, serem colocados junto da mãe, a fim de partilharem da formação de seus corpinhos, tão juntos, tão bem aconchegadinhos no seio materno.

Examinadas todas as possibilidades, eles foram trazidos para fazerem parte do lar onde renasceriam. Embora inconscientes do que ocorreria, este seria um período importante para que a mãe fosse enternecendo o coração e preparando-o para a maternidade. Isto também fazia parte do trabalho daqueles que acompanharam os dois.

Assim, despertada em seus anseios de mãe, certa vez eles a surpreenderam dizendo ao marido:

— Querido, ultimamente tenho pensado muito num filho. Já tenho desejo de tê-lo em meus braços maternais e embalá-lo com muito amor.

— Quando Deus quiser nos enviar um filho, só me fará feliz, mas não pensava nele, tão pouco tempo de casados temos.

— Isto não importa! Nós nos amamos, sinto-me pronta para a maternidade, e aguardo que Deus nos envie um filho para aumentar a nossa felicidade.

Depois desse dia, algumas vezes mais Anne referiu-se ao filho que desejava, sempre estimulada por aqueles que estavam no seu lar acompanhando os dois.

Ela pensava apenas em um filho, e não imaginava o que se lhes preparavam.

Assim, chegada a hora, eles foram colocados junto dela, numa cerimônia comovente e bela, somente possível de ser vivida por aqueles que já se encontram na dimensão espiritual. E, depois de atados os laços que os prenderam àquela que lhes seria mãe, estava completo o trabalho.

Como esse é um período que requer cuidados especiais para que nada seja contrário ao que planejavam, ainda mais que a mãe não tinha consciência do que estava ocorrendo consigo, eles permaneceriam no seu lar para dar assistência a ela e aos Espíritos reencarnantes, a fim de que cada vez mais fossem ajustados à sua nova condição.

Ainda demoraria algum tempo para que Anne percebesse que não estava mais sozinha, talvez uns dois meses, dependendo da sua sensibilidade, para que após, a chegada de um filho fosse anunciada ao marido e aos familiares.

Como o tempo transcorre indiferente ao que esperamos ou desejamos, quase dois meses passaram e Anne, percebendo alguma modificação em seu corpo, não a que se faz visível quando abriga um novo ser, mas a que vai se operando internamente, e que só é perceptível à mãe, aquele seu desejo de ser mãe foi se intensificando, e ela, contando ao marido o que estava sentindo, preocupou-o:

— Levá-la-ei a um médico hoje mesmo!

— Eu estou bem! Sinto estranhas sensações, mas como nunca fui mãe, não posso afirmar que seja o que estou imaginando.

— Quem lhe pode dar a certeza, depois de um acurado exame, só pode ser o médico. Hoje mesmo vou levá-la.

— Não seja tão precipitado!

— Se realmente for o que está pensando, você precisa de cuidados especiais e não pode abusar.

Anne não teve como recusar, e a consulta foi marcada para o fim da tarde daquele mesmo dia.

Nem a mãe de Augusto nem Marta foram avisadas, para que não se alarmassem sem que tivessem certeza.

Depois da consulta, se o que ela imaginava fosse confirmado, aí sim, todos receberiam a notícia e com a alegria que é peculiar nessas ocasiões.

No horário marcado, Augusto, saindo do seu trabalho mais cedo, foi buscar Anne para a consulta.

Depois de expostas todas as sensações que andava sentindo, e de todos os exames realizados, o médico assim se expressou:

— A senhora pode comemorar, porque realmente um filho está vindo por aí!

Augusto, ouvindo as palavras do médico, abraçou a

esposa, demonstrando toda a sua felicidade, e, mais que isso, o quanto o filho era bem-vindo.

A surpresa ficaria para a hora do nascimento. Aí a alegria dos pais e de todos os familiares seria muito maior.

A partir daquele momento, apesar de que Anne já abrigava em si, há algum tempo, os dois que viriam à luz quando seus corpinhos se formassem, tudo mudaria.

Os pensamentos seriam outros, teriam um novo motivo para as suas formulações. As atitudes seriam outras, agora voltadas ao ser que se formava. As esperanças mudariam de rumo, agora com novo objetivo.

Depois da confirmação do médico, tão felizes estavam que, por eles, sairiam imediatamente do consultório anunciando a todos o que estava acontecendo.

Pretendendo retirar-se, o médico, habituado àquelas efusões de alegria, disse-lhes:

— Compreendo a alegria que os envolve, mas para que ela continue até o final e seu filho nasça sadio e a senhora continue bem disposta, preciso passar-lhes algumas orientações. A senhora é jovem e forte, está bem, mas alguns cuidados devem ser observados e é disso que falaremos agora.

Com todos os detalhes ele foi passando a ambos as orientações que eram de sua responsabilidade, pedindo à jovem mãe que voltasse sempre para um acompanhamento, até que a hora do nascimento chegasse, acrescentando que ele gostaria de estar presente para auxiliá-la.

Dadas todas as informações, os dois retiraram-se e Augusto quis ir direto à casa de seus pais dar-lhes a notícia.

Como era esperado, a sua mãe alegrou-se sobremaneira. Tivera apenas um filho, embora ansiasse por mais, mas nunca chegaram.

Depois do casamento de Augusto ela sentia-se mais sozinha, e, um neto, era tudo o que mais queria.
— Já deram a notícia à Marta?
— Não, mamãe! – respondeu Augusto. – Saímos do consultório médico diretamente para cá, mas Anne, amanhã, lhe contará.
— Marta, como eu, ficará muito feliz. Já vou começar a pensar no enxoval do bebê. Você, Anne, ocupe-se apenas em cuidar bem dele para que nasça sadio, que, do enxoval, me ocuparei eu.
— A senhora não precisa se preocupar, pois será uma alegria, para mim, preparar as roupinhas dele.
— Compreendo que as mães gostam de preparar o enxoval para o filho que esperam, mas você não pode privar-me de, ao menos, ajudá-la.
— Será muito bom para mim contar com a sua experiência.

Até que as crianças nascessem não teriam outro assunto, e, depois, pela surpresa que teriam na hora do nascimento, tudo se voltaria para os dois.

O pai sempre deseja que o primeiro filho seja um homem, mas ele teria dois de uma vez. E, desde o início, se sentiria completamente envolvido por eles, porque, com certeza, seu Espírito se recordaria de que já estiveram juntos numa outra oportunidade terrena e que os perdera de modo tão infeliz e revoltante.

O tempo passava, os preparativos iam sendo realizados. Até um quarto para o bebê, preparavam, apesar de Augusto dizer que, no início, a criança ficaria no quarto deles. Só quando crescesse mais um pouco é que passaria para o seu próprio quarto.

Todas as recomendações médicas foram sendo segui-

O valor das experiências

das e, na última vez que ela foi à consulta, ele esclareceu, orientando-a:
— Seu filho será grande e forte por tudo o que verifico e é bom que eu esteja com a senhora no momento do nascimento.
— Meu marido o chamará, assim que eu perceber em mim os sintomas que me orientou.
— Se nenhuma novidade houver, resta-nos apenas esperar o momento em que ele virá ao mundo.
— Não vejo a hora de ter meu filho nos braços.
— Na hora certa ele chegará!
No prazo estipulado pelo médico, Anne começou a ter as primeiras sensações. Marta já fazia companhia à filha, aguardando aquele momento, e ficou com ela enquanto Augusto foi buscar o médico.
Na hora do nascimento, que Augusto fez questão de acompanhar, assim como também Marta, o médico, depois que recebeu o bebê, descobriu que ele não estava só.
— Há mais um outro bebê!
— Outro!? – perguntou Augusto admirado.
— Sim, a senhora Anne terá gêmeos.
O primeiro ficou aos cuidados de Marta para a preparação e as primeiras roupinhas enquanto o segundo nascia.
Augusto estava boquiaberto. Anne que imaginava estar liberada do sofrimento da hora do nascimento, teria que continuar em dores por mais algum tempo, compensada, depois, com a chegada de dois meninos fortes e sadios. Não eram tão grandes, por serem dois, mas eram sadios e, tempo para crescer, teriam bastante.
Anne já estava apaziguada, descansando e muito feliz.
Em nenhum momento imaginara que teria dois filhos

de uma só vez, gêmeos, e ainda não refeita de todo da surpresa, estava muito feliz.

A mesma surpresa encantava a todos que viam duas criancinhas recém-nascidas, dois meninos arrumadinhos e bem aquecidos, descansando ao lado da mãe.

Augusto desmanchava-se em gentilezas e cuidados com a esposa, mas não se cansava de olhar para os filhos.

Já mandara avisar a mãe, dizendo apenas que seu neto acabara de nascer. Nada dissera que eram dois. Queria fazer-lhe uma surpresa, e desejava que ela tivesse a mesma sensação que eles.

Em pouco tempo ela chegava e foi introduzida no quarto.

Anne descansava sonolenta e ele, conduzindo a mãe diante do leito dela, disse-lhe:

— Veja, mamãe, a surpresa que tivemos.

— Dois!?

— Sim, mamãe! Esperávamos um e Deus nos mandou dois, deixando-nos mais felizes ainda.

— Imaginávamos que fosse um bebê bastante forte e grande, ao invés são dois, o que é muito melhor. Pobre Anne, todo esse tempo carregando dois filhos sem nada saber.

Nisso Marta, que cuidava de pôr ordem pela azáfama que o nascimento de uma criança provoca, entrou no quarto e, vendo a antiga patroa, aproximou-se dizendo:

— São nossos netos! Veja que cena mais linda, os dois juntinhos da mãe!

— Não posso pegar um pouco os meus netos?

— Logo mais, mamãe, eles estão descansando quietinhos e não convém mexer. São pequenos, mas o médico disse que são fortes e saudáveis e agora, em liberdade, se

O valor das experiências

desenvolverão.

Os planos concretizavam-se, e os dois Espíritos que deveriam renascer na Terra já haviam vindo à luz para o cumprimento de mais uma encarnação, nas oportunidades que Deus oferece para a evolução espiritual de cada um de nós.

Em poucos dias Anne estava em pé. Marta ficou em sua casa para ajudá-la, e a mãe de Augusto estava sempre presente e desejava ter um dos dois no colo, quando não os dois de uma vez, um em cada braço, e assim também ajudava Anne que se atrapalhava, às vezes, quando precisava amamentá-los.

Augusto não via a hora de retornar para casa depois do trabalho, para ficar junto da esposa a quem amava ainda mais pelo presente que lhe dera, e para ter os filhos no colo.

Antes deles nascerem, como imaginavam que seria um apenas, Augusto em comum acordo com Anne, já havia escolhido um nome para ele, mas, quando se surpreenderam com dois, aquele nome não tinha mais razão de ser, e ele dizia:

— Devemos escolher um nome que fique bem neles. Depois que temos nossos filhos nos braços, parece que nome nenhum é suficiente e adequado para expressar tudo o que representam para nós.

Sua mãe insistia que deveriam escolher logo porque as crianças precisavam ser reconhecidas pela própria identidade.

Muitos nomes foram aventados e, ao final, dois foram escolhidos: – Alexandre e Ricardo – Dois nomes fortes como eles próprios o seriam. As roupinhas foram marcadas para que não se os confundissem.

Wanda A. Canutti pelo espírito Eça de Queirós

Eles não eram muito parecidos como às vezes o são os gêmeos, o que lhes facilitaria reconhecê-los, quando crescessem. Enquanto bebês, sempre é mais difícil.

A vida do casal continuou cheia de muito amor, as crianças cresciam e logo já estariam ensaiando os primeiros passinhos.

X

O passado que volta

O tempo transcorre com uma rapidez incontrolável, e quando nos surpreendemos, aqueles que eram bebês tornam-se jovens, os jovens tornam-se velhos e os velhos vão retornando ao Mundo Espiritual, completando o ciclo da sua existência ininterrupta de aprendizado e oportunidades, visando sempre ao progresso espiritual.

Quando Alexandre e Ricardo completaram três anos, Anne preocupou-se pelas sensações que estava experimentando – as mesmas de quando seus filhos anunciaram que iriam chegar.

Mais um filho lhe traria mais trabalho e, se fossem dois novamente, complicaria muito a situação deles todos no lar.

Entretanto, quando ela expôs ao marido o que estava sentindo, ele teve uma única resposta:

— Somos muito felizes com nossos dois meninos e

mais o seremos se outro vier. Quem sabe agora venha uma menina! Já pensou nisso, Anne?

— Ainda nem tenho certeza e você já está pensando numa menina?

— O médico nos dará a certeza, como nos deu da outra vez. Vou levá-la para uma consulta! Todos os filhos que Deus quiser nos mandar serão bem-vindos e terão o nosso amor.

A consulta foi marcada e nada foi diferente do que Anne previra.

Consciente do que seria, fora se habituando com a ideia de ser novamente mãe, e a confirmação do médico não lhe causou nenhuma preocupação. Tinha o apoio do marido e via a alegria que ele sentira pela possibilidade de ter uma menina, e passou a alegrar-se também.

O que faria ela senão aceitar a notícia de boamente? Seria mais fácil enfrentar esse novo período de sua vida com alegria.

O marido tinha condições de proporcionar-lhe mais alguém para ajudá-la nas obrigações, tanto as domésticas rotineiras quanto as com os filhos, e isso animou-a mais.

Todos os familiares receberam a notícia com alegria. Os preparativos para recebê-lo foram sendo efetuados à medida que o tempo passava, e a hora do nascimento chegou.

A expectativa de que fosse uma menina deixava Augusto mais ansioso e, quando anunciado lhe foi que uma menina havia chegado, ele quis vê-la imediatamente.

Ah, sensação estranha que o envolveu ao se deparar com aquele pequenino ser, já bem enroladinho nas roupinhas quentes que Anne havia lhe preparado!

O valor das experiências

Era uma menina forte pois não havia nenhum outro irmão com ela, mas algo inexplicável aconteceu com Augusto. Tão ansioso entrara no quarto, e, ao ver o bebê sendo carregado por Marta, não mais sentiu aquele desejo de tê-la nos braços como vinha sentindo antes. O que aconteceu para que tivesse tido aquela sensação?
Sem nada revelar a ninguém, disse à sogra:
— Vinha ansioso para tê-la nos braços, mas tão aconchegadinha está com a senhora que não quero mexer com ela.
— Vou colocá-la junto de Anne para que se aqueça com a mãe, mas se quiser tomá-la nos braços um pouquinho, você pode.
— Não devo! Pode pô-la junto de Anne.
Dirigindo-se depois, para perto da esposa, antes que ele lhe falasse, ela, adiantando-se, disse-lhe:
— Veja, Augusto, como Deus é bom conosco. Você queria tanto uma menina, e é uma menina que nos veio.
— Estou feliz por isso, querida, e agradecido a Ele e a você que me deram esse presente.
— Nossa família, agora, penso que está completa com nossos dois meninos e com esta menina. Lembra-se de que algumas vezes me disse que se fosse uma menina, gostaria que se chamasse Ana Maria?
— Lembro-me, como não?
— Pois a nossa Ana Maria chegou!
Augusto não teve coragem de lhe dizer, mas ao ver a filha, não teve mais vontade de lhe dar aquele nome. Ana Maria seria o nome de sua filha querida, da que lhe tocaria profundamente o coração, mas a criança que chegara lhe causara estranhas sensações e aquele nome não lhe ficaria bem.

Wanda A. Canutti pelo espírito Eça de Queirós

No entanto, como explicar isso à esposa que estava feliz por ter podido lhe dar o que ele tanto desejara? Que explicações lhe daria se nem sabia bem o que estava sentindo?

Mostrou-se feliz, concordou com o nome, e tudo seria normal, mas ele ainda desejava saber exatamente o que sentira.

Talvez aquelas sensações, com o passar das horas e dos dias, se desvanecessem e ele não deveria preocupar-se nem preocupar a esposa.

Os primeiros dias passaram e nada foi diferente. Marta ficou com a filha para assisti-la nos primeiros dias, ocupava-se da criança, e, por diversas vezes, quisera colocar o bebê nos braços do pai, mas ele se recusara dizendo que poderia magoá-la de alguma forma, porque não tinha jeito para isso.

— Como não?! – respondeu ela em uma das vezes que dera essa desculpa. – Você saiu-se muito bem pegando Ricardo e Alexandre ao mesmo tempo, como não se sairia agora?

— Agora é uma menina e as meninas são mais frágeis.

Até quando teria desculpas a dar?

Seria preciso fortalecer a sua vontade para que ela não a dominasse, acabando por criar uma situação desagradável no lar.

Eram felizes e nada deveria abalar a felicidade que sentiam. Nenhum motivo havia para que tivesse aquelas sensações diante de Ana Maria.

Ele se esforçaria para que nada transparecesse de seu íntimo e, com o tempo, tudo retornaria ao normal.

Anne já estava novamente em pé, cuidando da filha e às voltas com seus dois meninos que se encantavam com o bebê, mas sempre envolvidos com seus brinquedos, um na companhia do outro, logo se afastavam.

O valor das experiências

Augusto se voltara aos filhos e dedicava a eles, enquanto no lar, muito mais tempo do que antes.

Por insistência de Anne já tivera a filha nos braços, mas se sentira como se estivesse embalando alguém que ainda lhe traria muito trabalho, alguém que não se apegaria a ele, como ele não se apegaria a ela.

Não entendia o que acontecia com ele e a filha, um recém-nascido inocente e puro, para que sentisse um certo receio dela. O que estaria por trás de ambos?

Por que com os meninos nada disso houvera?

Ele não tinha o conhecimento de como se processa uma encarnação, nada sabia a respeito do Espírito, e muito menos que convivemos com aqueles que um dia nos foram queridos, mas convivemos também com os que ofendemos ou que nos ofenderam.

Se tivesse esse conhecimento, tudo seria mais fácil. Entenderia o que estava se passando e se esforçaria para dirimir aquelas sensações, desfazendo algum passado culposo.

Mas, pela falta desse conhecimento, tudo se tornava mais difícil. Nem que renascemos para desfazer mal entendidos, mágoas e ódios, transformando-os em amor, em amizade perene, ele sabia.

Dessa forma, a vida para ele tornava-se mais difícil.

O esquecimento do passado é realizado para que, de um recomeço, o mal seja desfeito, amemos os que nos prejudicaram e sejamos amados pelos que prejudicamos.

São ensinamentos muito sutis, mas é importante que o encarnado os tenha a fim de que, entendendo o que se passa, enfrente a situação, esforce-se para vencê-la, conquistando, dessa forma, louros para o Espírito e progredindo, que deve ser a meta de todos nós.

Wanda A. Canutti pelo espírito Eça de Queirós

Porém, no tempo de Augusto, esses conhecimentos ainda eram restritos a certos grupos, àqueles cujos componentes tinham uma visão e uma compreensão da vida além da realidade material e presente, porque abarcava o passado de outras existências relacionadas com a atual, mas tinha vistas ao futuro e por isso se policiavam.

Não queremos dizer com isso que, quem não tivesse esse conhecimento, estava entregue a si mesmo, porque, neste grande Planeta governado por Jesus e regido pelo Pai Maior, ninguém está ao desamparo.

Cada um traz de suas existências anteriores algum progresso, mesmo sem saber porque o realizou. Aqueles que tinham uma religião que coibia o mal para evitar as penas eternas, podia considerar-se feliz porque, mesmo que fosse pelo medo, policiava as suas ações. Se era somente esse o conhecimento de que dispunham, ele deve ser considerado benéfico, como o é ainda hoje para muitos, que, embora tantas verdades espirituais estejam à disposição de todos, ainda não se achegaram a elas ou, se se achegaram, não as compreenderam.

Por aí verificamos o quanto o conhecimento é importante ao Espírito, porque o estimula ao progresso, desfazendo-se das imperfeições que o impedem de progredir, conquistando, em seu lugar, as virtudes que devem ficar perenes nele.

Augusto não compreendia o que se passava mas nós, que estamos acompanhando este relato, sabemos a causa do que ele estava sentindo.

E ele, mesmo sem saber, como pai que era daquele ser que precisaria muito de auxílio para se desfazer das imperfeições que ainda trazia; de entendimento quando começasse a desenvolver os dons que trouxera, para que nunca os

O valor das experiências

utilizasse no mal, como já o fizera, com certeza a ajudaria e a orientaria. E, quando criança inocente ainda, começasse a fazer as primeiras gracinhas e o chamasse – papai – seu coração se enterneceria e todas as sensações desagradáveis que seu Espírito guardava, mesmo sem saber, estariam dirimidas.

Era justamente para isso que vieram juntos, com a aquiescência dele e de sua esposa, por tudo o que já haviam vivido. E se eles, mesmo tendo sofrido tanto nas mãos dela, conseguissem vencer as dificuldades, encaminhá-la para o bem e amá-la, teria valido a pena.

Os meninos cresciam e assim também crescia Ana Maria, todos fortes e saudáveis.

Como todas as crianças gostam de viver à volta dos pais, para sentir deles a segurança de que precisam diante da fragilidade de que são portadoras, assim também eram os filhos de Augusto e Anne.

Ricardo e Alexandre, pela ligação que já traziam do Mundo Espiritual, agora que eram mais velhos, estavam mais independentes, sobretudo pela companhia que um fazia ao outro.

Ana Maria, porém, era diferente. Muito apegada à mãe, porém também trazia um certo receio do pai e ficava mais afastada dele.

Augusto sentia-se melhor assim e não fazia questão alguma de tê-la perto de si.

Às vezes Anne pedia-lhe que a tomasse ao colo, e ele, não tendo como evitar, atendia ao seu pedido, mas logo a criança começava a chorar e ele a recolocava no chão.

Ela não entendia bem essa situação e não podia contar com o auxílio do marido nas horas em que estava ocupada com algum afazer, porque nem ele nem a criança se sentiam à vontade um com o outro.

Wanda A. Canutti pelo espírito Eça de Queirós

Às vezes Anne lhe perguntava se não gostava da filha, mas ele sabia muito bem como responder para não lhe revelar o que sentia diante da criança.

Como a lei natural dos que aqui se encontram encarnados se cumpre, e o crescimento das crianças faz parte dessa lei, o tempo foi passando e as crianças crescendo.

Alexandre e Ricardo iniciavam uma nova fase de suas vidas e entravam na adolescência, já com treze anos. A amizade e união de ambos continuava para a satisfação e despreocupação dos pais.

Estavam sempre juntos. Um auxiliava o outro se necessidade houvesse, sobretudo nas tarefas escolares, quando um tinha dificuldade em algum assunto, e o outro o dominava com mais facilidade.

Ana Maria contava dez anos. Era uma menina que guardava muita beleza nos traços que mais tarde se afirmariam, mostrando a grandiosidade que acanhadamente revelavam.

Era geniosa e nem sempre cordata. Tinha atitudes estranhas. Ora era dócil e, por quase nada, tornava-se agressiva. Queria tudo do seu jeito e exigia muito dos pais. Se desejava alguma coisa, não dava sossego à mãe enquanto não adquirisse para ela.

Nos estudos não era muito dedicada. Tinha pressa de terminar logo as lições domésticas para se ver livre do que não gostava de fazer, e sempre reclamava.

Marta, com mais idade, tinha muita paciência com a neta e fazia os seus gostos.

A mãe de Augusto, como única neta mulher, mimava-a de todas as formas e dava-lhe tudo o que ela desejasse e mais ainda com que ela mesma gostava de presenteá-la.

O valor das experiências

Augusto reclamava dizendo-lhe que ela estava dando maus costumes à menina, mas sua mãe alegava que sempre quisera uma filha e nunca tivera, por isso fazia pela neta o que teria feito pela filha.

— Não vê que assim a senhora estraga a menina, já tão cheia de exigências! Não sabemos o futuro que ela terá!

— Enquanto eu for viva satisfarei todos os seus desejos. Mas ela é ainda muito criança e mudará, não se preocupe.

Mais alguns poucos anos foram passando e Ana Maria completou quinze anos. Era uma bela jovem, sempre arredia em relação ao pai. Falava com ele o necessário em família, mas nunca lhe dirigira a palavra para contar algum acontecimento. Ao contrário, os dois rapazes, prontos para ingressarem numa faculdade, estavam sempre à volta do pai para colher informações e receber aconselhamento. Quando conversavam era como se fossem três irmãos, tão unidos eram e tanta camaradagem havia entre eles.

Ana Maria, às vezes, falava à mãe sobre esse particular, dizendo que só para ela o pai não dava atenção, mas que não importava, porque ela também não ligava para ele.

Anne procurava dissuadi-la desses pensamentos, mas era impossível, porque ambos, na verdade, não se sentiam bem na presença um do outro.

O comportamento já estranho de Ana Maria passou a ser mais estranho ainda. Muitas vezes, enquanto estava falando com alguém ou fazendo alguma coisa, de repente parava, ficava como que absorta, porém atenta a alguma coisa que ninguém sabia o que era, mas ela sabia bem. Eram vozes que ela ouvia, dizendo-lhe sempre a mesma coisa: – Precisamos trabalhar!

Wanda A. Canutti pelo espírito Eça de Queirós

Aquele apelo era repetido diversas vezes em diversas situações, mas ela não sabia a que se referia.

Certa vez, em seu quarto, estando só, as mesmas vozes fizeram-se ouvir e lhe repetiram as mesmas palavras. Ela, irritada, perguntou em voz alta:

— O que querem dizer? Quem me fala, que trabalho querem realizar?

Eles nada responderam. Não era o momento ainda.

Como o faziam, eles imaginavam que a estavam preparando para o que desejavam, como já o haviam feito um dia, em que ela, obediente e ansiando também por obter favores, realizava com eles trabalhos de muito prejuízo.

Eram esses trabalhos que pretendiam retomar, mas ainda não era a hora. Algum tempo deveria passar até que ela própria, por algum impulso, por algum acontecimento que eles mesmos preparariam, os solicitaria para o que desejasse conseguir.

Enquanto esse momento não chegasse, eles iriam preparando-a de forma sutil, mas eficaz. Um dia uma palavra a mais para deixá-la curiosa, outro dia outra, até que ela, por si só, mas completamente induzida por eles os requisitaria para o que tanto desejavam.

Essas entidades que assediam certas pessoas induzindo-as à realização de certos trabalhos, assim procedem. As que se achegaram junto de Ana Maria eram as mesmas com quem ela trabalhara um dia, levando prejuízos a tantos, utilizando-se também daquela que hoje era sua mãe.

Desta vez eles não poderiam utilizar-se dela porque não trouxera os dons daquela ocasião, mas somente a jovem seria suficiente, não precisavam de mais.

Quem tem possibilidade de entrar em contato com entidades dessa espécie, e com elas realiza trabalhos de

O valor das experiências

prejuízo que ainda fazem parte dos desejos e da imperfeição de seus Espíritos, ao se reencontrarem, mesmo tendo passado muitas existências, elas o reconhecem e atuam sobre ele expressando os mesmos desejos.

Se essa pessoa já está modificada, se já progrediu um pouco, mesmo assim eles não lhe dão paz, desejando retomar a mesma atividade que praticaram um dia. Se recusa, eles a atormentam fazendo-a sofrer de diversas maneiras, tanto mentalmente quanto no físico, nas suas mais caras afeições e nos bens materiais que conquistou.

Por isso o perigo de se utilizar dessas forças, seja em que época for, é muito grande.

Se a pessoa consegue resistir à pressão que eles realizam, ainda há alguma esperança de se libertar deles que, cansados de tanto insistir, mesmo levando-lhes prejuízos, acabam por desistir.

Infelizmente nem todos resistem. Não têm o conhecimento necessário para compreender que se cederem só estarão acumulando compromissos, e, no desejo de conseguir tudo o que eles prometem, deslumbram-se e caem novamente.

É lamentável quando assim acontece, porque Deus dá a muitos de Seus filhos, aqui encarnados, certas possibilidades, justamente para que as utilizem para o bem, para auxiliar Seus outros filhos necessitados. E eles, deslumbrados ou ingênuos, utilizam-nas para o bem próprio, mesmo que para esse bem, muito mal precise ser espalhado.

Ana Maria não tinha esse conhecimento, era muito nova e não sabia o que estava acontecendo. Não sabia lidar com aquela situação que começava a envolvê-la, mas eles não tinham pressa. Tinham a eternidade à sua disposição, porque esse tipo de entidade foge da oportunidade reencarnatória e se compraz em permanecer em Espírito, realizando o mal, às vezes galhofeiramente, mas frequentemente com intenções demolidoras.

Não queremos dizer, com isso, que eles ficarão eternamente conforme desejam, que esse universo regido por leis, a elas terão que se submeter, assim que Deus achar por bem retirá-los daquela vida e colocá-los para pensar em todo o mal que realizaram.

No caso de Ana Maria eles seriam utilizados para uma prova muito importante para ela.

Muito tempo havia passado daquela existência de muitos prejuízos que ela tivera, e agora, através deles mesmos, ela deveria demonstrar se progredira, se estava modificada e se resistiria aos apelos que lhe faziam.

Era a utilização do mal para que um grande bem fosse testado. Se ela conseguisse resistir e nada fizesse do que eles propunham, seria vencedora. Mas, se acedesse aos apelos deles, ainda mais com o gênio difícil que ainda trazia, demonstraria que nada havia se modificado e, um dia, partiria da Terra levando mais compromissos do que os que já possuía, e sofreria muito até desfazê-los todos.

XI

Tentativa bem sucedida

Ana Maria estava ficando preocupada com as vozes, considerando que estava vivendo num tormento.

Ainda nada revelara a ninguém. Era um tanto independente e não gostava de dar satisfações do que sentia ou do que estava acontecendo consigo, em qualquer situação.

Porém, as vozes se tornavam tão insistentes que ela decidiu revelar à mãe o que estava se passando, e fê-lo num momento em que o pai não estava em casa, assustando-a.

— O que pode ser isso, filha? Nunca ouvi nada igual! O que eles pretendem?

— Não sei! Dizem que precisamos trabalhar! Que trabalho será esse?

— Deve ser alguma coisa ligada ao demônio, filha! Fique atenta e mande as vozes embora dizendo que nada fará além do que já faz, e nunca as obedecerá!

— Por que a senhora diz que eles são ligados ao demônio?
— Não sei, mas coisa boa não deve ser, senão todos nós ouviríamos! Não falariam só a você.
— Por que eu, mamãe?
— Não sei o que eles veem em você!
— Pois quando me falarem novamente, vou perguntar.
— Não faça isso! Não dê a eles a oportunidade de darem mais explicações que você estará se complicando.
— E por que procuraram a mim? É isso que quero saber.

Anne ficou preocupada com a revelação da filha. Não sabia a que se referia, mas receava. Não podia deixar de contar a Augusto o que ela lhe revelara, para que também a ajudasse, se houvesse necessidade, embora eles não se sentissem muito à vontade um diante do outro. Mas ele era o pai e cabia-lhe a responsabilidade de proteger a filha. Como? Não sabia!

Depois desse dia, Ana Maria passou a ficar mais atenta, e, como era óbvio, tendo presenciado a conversa que ela mantivera com a mãe, eles ficaram mais afastados por alguns dias, mas logo voltariam e lhe dariam todas as respostas que ela desejasse.

Quanto a Augusto, pareceu-lhe que a sensação desagradável que sentia diante da filha, agora se revelava a causa. O que seria ela? Quem estaria ali em sua casa como sua filha? O que teria acontecido em algum lugar do passado entre eles, para que houvesse aquele constrangimento?

Nesse fato, talvez estivesse a revelação do que ele precisava saber. Era preciso que deixassem a filha agir se assim ela entendesse que deveria, para que se revelasse totalmente. Entretanto, se ela acedesse aos apelos daquelas

O valor das experiências

vozes e realizasse algum trabalho contrário aos preceitos que regem o bom senso e o equilíbrio das ações, talvez eles nem percebessem.

Passados alguns dias, as entidades portadoras das vozes, num momento em que ela realizava suas obrigações relativas aos seus estudos, achegaram-se e repetiram o que já haviam lhe falado algumas vezes.

— Precisamos trabalhar!

Como Ana Maria estava sozinha em seu quarto, era o momento adequado de fazer as perguntas que desejava.

— Quem são vocês?

— Não precisa saber quem somos!

— Se desejam que eu trabalhe com vocês, preciso de alguns esclarecimentos.

— Se se comprometer a trabalhar conosco, daremos todas as informações que desejar.

— Primeiro preciso saber quem são, o que desejam de mim e por que me escolheram, para que eu decida atendê-los ou não.

— Está bem! Somos um grupo de Espíritos com os quais você já trabalhou um dia. Fazia tudo o que desejávamos, mas também fazíamos tudo o que você desejava, e, com isso, conseguimos muito.

— O que conseguiram? Qual a finalidade desse trabalho?

— Conseguir tudo o que deseja, que, para nós, não há nenhuma dificuldade em lhe proporcionar. Mas, em paga, terá que nos ajudar também a que consigamos o que desejamos.

— E o que vocês desejam?

— No momento certo, saberá!

— Por que fui escolhida por vocês?

— Porque traz em si certas possibilidades que outras pessoas não trazem. Uma prova disso é que nos ouve. Se falarmos com qualquer outra pessoa da sua casa, ninguém nos ouvirá.

— E o que significa isso?

— Que você pode fazer tudo o que deseja, não só nos ouvir!

— Não me responderam por que fui escolhida? Deve haver algum outro motivo além da possibilidade de ouvi-los.

— Já trabalhamos juntos outras vezes e queremos continuar o nosso trabalho.

— O que querem dizer com isso se de nada me lembro. Nunca trabalhei com vocês.

— Não foi nesta existência por isso não se lembra!

— Agora não estou entendendo nada. Que existência é essa?

— Não sabe que vivemos muitas vezes? Morremos e depois renascemos outras vezes.

— Vocês estão me confundindo, não quero saber mais nada.

— Na hora certa você nos atenderá, você mesma pedirá a nossa ajuda e estaremos prontos a atendê-la.

O contato mais estreito entre eles e Ana Maria estava já estabelecido.

Ela tivera algumas informações, importantes para que as guardasse na mente, pois, no momento certo, facilitaria a sintonia mais intensa entre eles para a realização do que pretendiam.

Nada ainda havia delineado para que algum trabalho fosse realizado. Era preciso esperar uma ocasião especial que eles mesmos provocariam com calma e cuidado, a fim de que nada falhasse.

O valor das experiências

O tempo foi passando. A rotina da família continuando sem nenhum acontecimento digno de nota, até que um dia Anne foi chamada às pressas porque Marta, sua mãe, estava passando mal.

Fora acometida de um mal súbito, acabando por desfalecer. Colocaram-na na cama, chamaram um médico, mas, ao chegar, ela havia piorado bastante.

Do momento em que perdera a consciência e caíra ao chão, não mais a recuperou.

A família reuniu-se toda em torno daquela que lutara a vida toda para proporcionar-lhes um pouco do que necessitavam, sempre esquecida de si mesma.

Sempre fora forte, apesar de que os anos estavam lhe pesando bastante, por isso descuidou-se. Agora estava na cama inconsciente, arfando o peito, respirando com dificuldade, e assim passaram dois dias.

No terceiro, sua respiração tranquilizou-se, foi ficando quase imperceptível de tão fraca, e, depois de umas poucas horas, ela partiu para sempre, deixando sobre o leito aquele corpo que lhe fora instrumento de tanto auxílio aos familiares e a outros que dela precisaram, e instrumento também de grande progresso espiritual para ela.

Por isso, durante os dias em que esteve acamada, ausente de si mesma, amigos espirituais estavam à sua volta, auxiliando-a e aguardando o momento do desprendimento do seu Espírito, para auxiliá-la mais efetivamente e levá-la a um pouso tranquilo de assistência e paz.

A família desesperou-se, mas ela já estava amparada e começaria uma nova etapa de sua vida, agora liberta do corpo, para novos aprendizados e novas atividades, não mais para a assistência do corpo, mas para o que permanece imortal, que é o Espírito.

Seus amigos e familiares nada sabiam do que acontecia ao Espírito, depois da morte do corpo, e desesperavam-se.

Os irmãos de Anne, que já haviam constituído suas próprias famílias, lutavam bastante, pois não tiveram as mesmas facilidades que a vida lhe oferecera. O pai, idoso e cansado, não trabalhava mais e passava o dia na companhia de Marta.

Eram felizes com o que possuíam, haviam cumprido suas obrigações para com a família, composta de pessoas de bem, mas agora ele se via sozinho.

Os filhos insistiram em tirá-lo de casa para levá-lo consigo, mas ele não aceitou. Queria permanecer na casa onde vivera com sua querida Marta, até quando pudesse. Se um dia adoecesse e não pudesse mais permanecer só, aceitaria o que lhe ofereciam.

Anne preocupou-se muito com o pai e constantemente fazia-lhe visitas, levando-lhe alguma coisa que pudesse reforçar a sua alimentação. Vez por outra levava uma das suas criadas e ambas faziam uma limpeza completa na casa.

Ele não gostava muito, via sua casa invadida, mas depois de tudo pronto e limpo, sentia-se bem melhor.

Alguns poucos anos passaram. Os dois irmãos de Ana Maria já estavam formados e começando a desempenhar o trabalho que o curso que frequentaram lhes habilitara.

Ana Maria, sem muita vontade de estudar, fizera o suficiente exigido pelos pais e nada mais.

Era mulher, não precisava trabalhar, e ficava em casa com a mãe, quase nada fazendo, aborrecendo-se e aborrecendo-a o dia inteiro.

As vozes continuavam e nunca mais houve nenhuma conversa entre eles além da frase que lhe transmitiam sem-

O valor das experiências

pre, aguardando que a oportunidade chegasse.

Aborrecida da vida que levava e sem vontade de realizar outros aprendizados para passar seu tempo de modo profícuo, um dia ela, ouvindo que lhe diziam: – Precisamos trabalhar – decidiu-se:

— Aí está alguma coisa que poderei fazer. É uma novidade para mim e quero ver o que realizarei para eles e o que eles realizarão para mim.

Depois desse pensamento tão categórico, nada mais precisava ser falado. Estava estabelecida de vez a sintonia entre eles, que não lhe dariam mais sossego.

O que faria, ela não sabia, mas estava pronta para o que fosse, e assim aguardava.

Uma vez em que estava só em seu quarto, logo nos dias subsequentes à sua decisão, eles, que sempre a acompanhavam, aproximaram-se, e um deles perguntou-lhe:

— Quer tentar agora?

— Tentar o quê? – indagou ela.

— Ora, o nosso trabalho, o que você decidiu realizar.

— O que faremos?

— Antes de qualquer trabalho mais intenso precisamos mostrar a você do que é capaz! Faremos uma tentativa para que veja a força que temos – nós e você.

— O que faremos?

— Pense em alguém, em alguma pessoa de quem não goste que lhe mostraremos.

— Nunca gostei muito de meu pai. Não sei o que há entre nós; nem eu me sinto bem perto dele, nem ele se sente bem perto de mim. Mas, apesar disso, nada quero fazer contra ele.

— É só um teste, já lhe disse.

— Está bem! O que lhe faremos.

— Nada grave, mas bastante eficaz. – Pense que hoje ele terá uma dor de cabeça muito forte e não conseguirá realizar o seu trabalho. Se der certo, logo ele estará voltando para casa. Não conseguirá permanecer no trabalho.
— Eu o farei, mas até quando?
— Nós a avisaremos quando for suficiente. Seja forte e categórica no seu pensamento e não vacile, que nós o seguiremos e, em segundos, estaremos junto dele.
Depois de alguns minutos, que não precisavam de mais, um deles retornou dizendo-lhe:
— Já foi suficiente!
Realmente Augusto estava em sua mesa trabalhando, quando, de repente, sentiu uma forte agulhada na cabeça, muito profunda e dolorosa, que fê-lo interromper imediatamente o que fazia e comprimir a cabeça com as mãos.
— O que será isso? – pensou. – Eu estava bem, e, de repente, minha cabeça lateja tão fortemente que não consigo coordenar meus pensamentos.
A esta manifestação sua, um deles, que o assistia, intuiu-lhe para que voltasse para casa, tomasse um medicamento e se deitasse, que a dor passaria.
Na verdade ele sabia que nenhum medicamento aplacaria aquela dor, mas era preciso que ele fosse para casa, conforme prometeram à Ana Maria. A dor só passaria quando eles mesmos quisessem, quando o que fora encarregado de mantê-la se retirasse de junto dele. Dessa parte eles se encarregariam depois de algum tempo, contanto que ele voltasse para casa.
Era a prova mais contundente para que ela verificasse a eficácia do que realizavam, e estimulá-la a que prosseguisse, depois, em tudo o que fosse necessário, tanto para atendê-los, como para atendê-la nos seus pedidos.

O valor das experiências

Seria uma permuta. Cada vez que eles a atendessem teriam o direito de exigir que ela se colocasse à disposição deles, mesmo sem saber o que realizariam, nem a quem atingiriam.

Frequentemente assim acontece. Contanto que pratiquem o mal, não importa a quem atingem nem o que fazem, mas sim, mostrar trabalho e trabalho eficaz.

Quando avisaram Ana Maria que o trabalho já estava consumado, ela deixou o quarto e colocou-se na sala esperando o que deveria acontecer.

Passada cerca de meia hora, seu pai entrou em casa com a fisionomia totalmente transtornada.

Vendo-a logo que chegou, perguntou-lhe:

— Onde está sua mãe? Diga-lhe que preciso dela.

— O que houve, papai? Por que voltou para casa?

— Chame sua mãe, não estou bem!

Rapidamente, quase saltitante de alegria por ver que tudo saíra conforme lhe haviam prevenido, ela foi buscar a mãe que estava no interior da casa.

Assustada, Anne aprestou-se em ir ao encontro do marido que já estava no quarto do casal, deitado.

— O que houve, meu querido?

— Tenho uma terrível dor de cabeça, como nunca tive. Não conseguiria mais trabalhar, por isso voltei para casa. Providencie algum remédio para mim, algum chá.

— Providenciarei rapidamente! Logo você estará bom. Convém amarrar um lenço na cabeça, sempre faz bem.

— Faça o que quiser, contanto que eu melhore.

Ana Maria havia entrado também no quarto após a mãe e ouviu o que o pai contara, verificando a eficácia do que haviam realizado.

Desse trabalho, que não falhara como eles haviam

prometido, poderiam partir para outros, nem que fosse para divertir-se um pouco e terminar com a monotonia de sua vida.

Para maior efeito do que tinham realizado, aquela entidade que permanecia junto de Augusto para a manutenção da dor, continuou ainda por cerca de duas horas, sem que nada a tivesse aplacado.

Quando se completava a demonstração de sua força e poderio a Ana Maria, um deles aproximou-se dela, que não estava mais no quarto com o pai para deixá-lo repousar, e disse-lhe:

— Em poucos instantes verá seu pai deixar o quarto, totalmente refeito como se nada o tivesse perturbado.

Em pensamento, que não podia manifestar-se em palavras, ela perguntou:

— Por quê? O que farão?

— Apenas nos retiraremos da companhia dele, liberando-o da nossa presença, e ele nada mais sentirá. Ficará intrigado com o que teve e como passou, mas não nos preocupamos com ele e sim com você, a quem queremos mostrar nossa força e poder, para estimulá-la ao trabalho. Já sabe do que somos capazes, mas o que presenciou foi uma pequena amostra. Somos capazes de muito mais. Um dia, ainda lhe contaremos tudo o que já fizemos e você ficará assustada da força que também tem para nos manter na atividade que realizamos.

Ana Maria nada respondeu, mas ele, ainda antes de deixá-la, disse:

— Fique atenta, logo seu pai estará bem.

De fato, em pouco tempo Augusto saía do quarto, indo ao encontro de Anne que o deixara repousar, dizendo:

— Já estou bem, querida! Tudo o que fez por mim aplacou a dor que tive.

O valor das experiências

— Ainda bem, querido! Mas essa dor foi muito estranha, nunca o vi daquele jeito!
— Nem eu nunca senti nada igual.
Aqueles que se empenhavam junto de Ana Maria para a realização do trabalho, novamente se aproximaram, perguntando-lhe:
— Comprovou a nossa capacidade? Juntos poderemos fazer coisas extraordinárias!
— Na verdade foi muito divertido. Quando desejarem, se é tão simples assim, estarei à disposição.
— Nós também estamos à sua disposição. Não precisamos provar-lhe mais nada, mas apenas realizar o que desejamos.
O que Ana Maria poderia querer fazer juntamente com eles?
Tinha tudo o que desejava, era tratada com carinho pelos pais e pelos irmãos que a consideravam, embora ela não fosse muito apegada a eles também. Na verdade, naquela casa, Ana Maria gostava somente da mãe. Com o pai, não simpatizava, e com os irmãos apenas convivia na fraternidade que é comum aos irmãos, porque eles mesmos, tendo um ao outro, de nada mais precisavam. Depois, a irmã era mulher e mais nova que eles, não tinham afinidades.
Entre os dois, porém, a camaradagem era grande. Sempre juntos, fizeram o mesmo curso e agora habilitados para o trabalho continuavam juntos e prosperavam.
Ana Maria que andava em busca de algum outro motivo para divertir-se mais um pouco e, incomodada com aquela amizade profunda entre eles, imaginou maldosamente:
— E se eu promovesse uma briga entre eles. Alguma questão que os afastasse de vez?
A ideia foi lançada e aqueles que andavam à caça de

trabalho, mais a incentivaram e, em pouco tempo, eles tinham um plano delineado para ambos, cujos detalhes Ana Maria não precisava saber, e propuseram-lhe:

— Captamos o seu pensamento contra seus irmãos e já temos um plano de trabalho para nós. Verá que não trabalharemos com a dor, como no caso do seu pai, mas com os sentimentos – o desentendimento, a desarmonia entre eles, que terá reflexos no trabalho que realizam, acabando de vez com essa amizade que têm e sei, a incomoda.

— O que farão?

— Somente nós sabemos, você não precisará saber de nada. Basta que faça o que lhe orientarmos e aguarde os resultados.

— Quando começaremos?

— Na hora certa a procuraremos. Não tenha tanta pressa. O que vamos realizar é muito mais delicado e sutil que uma dor de cabeça e levará mais tempo. Os resultados, porém, serão definitivos.

— O que querem dizer com definitivos?

— O significado que a palavra traz em si. O que faremos e que conseguiremos, será para sempre.

Ela não sabia o que fariam, mas também não se importava com resultados definitivos ou não. Apenas passou a aguardar o pedido que lhe fariam, para dar início ao trabalho.

Se desde criança os irmãos foram unidos, partilhavam dos mesmos brinquedos sem nunca brigarem; se estudaram juntos e um sempre ajudava o outro nas necessidades que tinham e trabalhavam juntos com dedicação e camaradagem, agora seria diferente.

XII

Situação desagradável

Aquele que pretende prejudicar, cerca os que serão alvos desse prejuízo com toda a atenção. É preciso vigiar-lhes as ações para conhecer-lhes os hábitos. É preciso vigiar-lhes os pensamentos para conhecer suas tendências e o que a sua mente anda abrigando, cujas ações ainda não revelam. E eles, como desencarnados, tinham essas possibilidades.

Todos da casa de Ana Maria eram objeto dessas análises, a fim de terem elementos para serem trabalhados, quando surgisse a oportunidade do trabalho.

Eles já conheciam, por isso, os hábitos e os gostos de Ricardo e Alexandre.

Tão unidos e camaradas eram que nada encontravam que lhes desse condições para propiciar-lhes uma cisão. Eram sempre cordatos e frequentemente um acedia ao que o outro propunha ou desejava, sem que nunca, nenhuma contenda tivesse havido entre eles.

Wanda A. Canutti pelo espírito Eça de Queirós

Entretanto, depois de todas essas averiguações, uma situação surgiu que lhes seria favorável. Era o coração! Sim, o coração de um dos dois, o de Alexandre, havia sido tocado por um sentimento novo que andava lhe ocupando todos os espaços, fazendo com que sua mente estivesse o tempo todo voltado para ele.

Era o amor que lhe tocara profundamente, na pessoa de uma jovem que conhecera, a filha de um cliente com o qual possuíam negócios.

Alexandre precisava fazer-lhe uma visita para levar-lhe uma proposta vantajosa sobre umas propriedades que ele colocara à venda, e, como o assunto era delicado e rendoso para eles, precisava ser tratado pessoalmente.

Quando foi recebido por ela, pedindo-lhe que aguardasse um pouco o pai, ocupado num afazer que não podia ser interrompido, Alexandre deslumbrou-se.

Os traços delicados que seu rosto revelava, emoldurados por lindos cabelos louros, dava-lhe a aparência de um anjo.

Ela também encantou-se com ele mas, recatada, à chegada do pai, pediu licença e retirou-se e ele não a viu mais.

Alexandre, depois de resolvido o assunto que o levara àquela casa, com receio de nunca mais vê-la, falou ao pai do encantamento que seu coração sentira ao ver sua filha.

O pai, que a preservara para entregar a um homem de bem, pelo casamento, considerou aquela revelação bastante promissora para uma futura união entre ambos e foi chamá-la, dizendo-lhe que Alexandre desejava despedir-se dela.

Em presença de ambos, não querendo deixar perder aquela oportunidade, o pai ofereceu sua casa para quando ele desejasse voltar, como amigo, que sua filha Joana e ele o receberiam com alegria.

Algumas vezes Alexandre retornou em visita à jovem, durante a qual o pai, percebendo que a simpatia entre eles se estreitava cada vez mais, inventava um pretexto qualquer para deixá-los alguns instantes a sós, e prognosticava para a filha um ótimo casamento.

Entusiasmado, Alexandre contou ao irmão o que estava acontecendo, e ele, constantemente, manifestava o desejo de conhecê-la.

Era essa situação que aqueles que ansiavam por levar prejuízo, por destruir, por prejudicar, haviam apreendido e a trabalhariam.

Havia um deles que o acompanhara por duas vezes quando em visita a Joana, para aquilatar melhor como estava aquele relacionamento, porque o coração, já o sabia, estava totalmente tomado por ela.

Seria necessário que uma estratégia fosse forjada para que Ricardo também a conhecesse e se apaixonasse por ela, assim como também a jovem não ficasse indiferente a ele.

Eles estariam atentos e trabalhariam para que assim acontecesse, e, daí em diante, estariam senhores da situação.

Com a ajuda de Ana Maria, a cisão entre os dois estaria promovida e, em pouco tempo, não só ela seria motivo de desentendimento entre eles, mas se estenderia em todos os setores, abrangendo o trabalho e até o relacionamento fraterno de irmãos que se amavam e se respeitavam.

Anne sabia do entusiasmo do filho por Joana, que nada escondia dela, e Ricardo, já influenciado por aqueles Espíritos, sentia um certo ciúme do irmão. Era o receio de que o sentimento que começava pudesse afastá-lo dele.

Algumas vezes já pedira ao irmão que o levasse quando fosse visitá-la, mas Alexandre, que gostava de estar com ela a sós e se alegrava nos momentos em que o pai dela os deixava, não queria a interferência de ninguém.

Um dia, porém, depois de tanta insistência, e, como iam tratar de negócios que era comum aos dois, Alexandre resolveu levá-lo. Uma hora ou outra o irmão deveria conhecê-la. Não poderia escondê-la para sempre.

Como um dos que habitavam a casa à espera de um motivo para ter a colaboração de Ana Maria para o que desejavam, estava acompanhando os rapazes que seriam o próximo alvo, os outros ficaram sabendo imediatamente do que aconteceria.

Ana Maria foi prevenida de que aquela noite precisariam dela. Chegara o momento que tanto aguardavam e provariam, mais uma vez, a eficácia da sua capacidade.

— O que deverei fazer? – indagou ela, ao ser notificada do que aconteceria.

— Somente na hora saberá!

Receavam que ela se arrependesse e eles perdessem a oportunidade, por isso era melhor que lhe dissessem o que fazer, somente no momento certo.

À noite, depois do jantar, os dois deixaram a casa. Alguns os acompanharam, outros permaneceram com Ana Maria para as instruções necessárias.

Para isso, fizeram com que ela fosse para seu quarto onde teriam mais liberdade de ação e poderia aplicar-se intensamente no que fariam.

Quando viram o momento favorável deram-lhe as instruções de como deveria proceder com Ricardo e Joana, direcionando um pensamento de ligação profunda entre eles, enquanto outros, que lhe captavam o pensamento, o intensificavam.

O valor das experiências

Quando os dois foram atendidos e entraram na casa, o pai da jovem, que já conhecia Ricardo, alegrou-se ao vê-lo com o irmão.
Em seguida foi chamar a filha, deixando a discussão de negócios para depois.
Quando entrou na sala, imediatamente ela teve sua atenção despertada por Ricardo. Não conseguia tirar os olhos dele, o mesmo acontecendo com ele.
Havia como que um elã que os prendia, naquele momento, como se Alexandre não estivesse presente.
Estranhando aquela atitude, Alexandre levantou-se para cumprimentá-la, pretendendo quebrar aquele arrebatamento que os estava envolvendo.
Ela sorriu para ele, mas visivelmente interessada em Ricardo, indagou:
— Quem é esse rapaz em sua companhia?
— É meu irmão Ricardo. Já lhe disse que tenho um irmão gêmeo, pois é ele.
Ricardo, despertado pela apresentação, levantou-se também e estendeu a mão para cumprimentá-la, retendo as dela entre as suas mais tempo do que devia.
O pai, percebendo a situação, interferiu, dizendo:
— Pois que sentemos todos e conversemos.
Em presença de todos, Alexandre não tinha assunto para falar com ela, ainda mais que percebia o que estava havendo entre ela e o irmão.
Depois de algum tempo em que falaram apenas banalidades, sem nenhuma consistência, e como o ambiente estava pesado, o anfitrião pediu à filha:
— Agora, minha filha, se despeça dos rapazes que temos negócios a discutir.
Obedecendo, ela levantou-se. Os dois levantaram-se

também, e cada um estendeu a sua mão para ela que se retirou da sala, deixando Ricardo encantado e Alexandre muito preocupado.

Resolvidos os negócios, a parte que cabia somente a eles realizar teria continuidade no escritório, legalizando as transações conforme o direito e a legislação, e os dois retiraram-se.

Enquanto ainda na casa da jovem, e, diante do pai dela, pelas obrigações que levaram, nada se percebeu entre os dois irmãos.

Na rua, porém, cada um tendo um acompanhante daqueles que se comprazem em prejudicar, em levar a discórdia, tudo mudou. Não mais a cordialidade e o entendimento que eram características dos dois, e Alexandre, irritado com o irmão, indagou:

— Você pode me explicar o que aconteceu para que se portasse daquele jeito diante de Joana que sabe que amo, desrespeitando-me e desrespeitando-a, pelo modo com que a olhava?

— Você deve se lembrar de que não fui apenas eu. Não nego que ela me impressionou bastante, mas senti claramente que também fui objeto da simpatia dela.

— E não considera desrespeito, sabendo que a amo?

— Não tive culpa se ela correspondeu à minha simpatia.

— Como não teve culpa se a olhava insistentemente, deixando-a até constrangida.

— Aí é que você se engana! Não vi nenhum constrangimento da parte dela, se correspondeu ao meu olhar.

— Então confessa que olhou com segundas intenções?

— Não tinha intenção alguma, mas não posso negar que ela me encantou. E, se corresponder à simpatia que sinto por ela, trocando-o por mim, não vou deixar perder a oportunidade.

— Você é um canalha!

— Apenas porque simpatizei com a mulher que ama e que não o ama?

— Conversamos muitas vezes e ela dizia amar-me.

— Mas interessou-se mais por mim! Por que não volta lá e lhe pergunta qual dos dois ela prefere?

Alexandre, furioso, acabou por deixar-se levar pela irritação, e, descontrolado, deu-lhe um soco no rosto.

Ricardo, ofendido, assim que se recompôs, revidou e, de agressão em agressão, os dois tiveram uma briga feia em plena rua, tendo que ser separados por transeuntes.

Como os dois tinham que voltar para casa, e não podiam ir cada um para um lado, depois de separados, ainda prosseguiram com as agressões, chegando em casa em estado lamentável. As roupas em desalinho, o rosto ferido, e, ainda se ofendendo, assustaram Anne e Augusto que acorreram, imaginando que tivessem sido agredidos por malfeitores.

Em pouco tempo, porém, tomaram conhecimento do que realmente havia acontecido, pelas reclamações que ambos faziam, um do outro.

As entidades infelizes alojadas na casa, comemoravam em festa.

Ana Maria foi despertada, em seu quarto, com a altercação dos dois, enquanto as vozes lhe diziam:

— Fomos bem sucedidos! Tudo saiu conforme desejávamos!

Para verificar o que havia acontecido, ela deixou o quarto e foi para junto deles, que ainda estavam com os pais tentando apaziguá-los.

Wanda A. Canutti pelo espírito Eça de Queirós

— Jamais permitirei que uma mulher seja motivo de desentendimento entre vocês, que sempre mantiveram uma amizade tão bonita. Se assim aconteceu é porque ela não merece nenhum dos dois. Esqueçam-se dela e voltem ao que eram, para que nossa casa, nossa família, continue em paz e harmonia entre todos. – disse-lhes a mãe.

Ricardo, sentindo-se vencedor da situação, porque era só insistir que Joana se voltaria totalmente para ele, desprezando Alexandre, levantou-se dizendo que iria deitar-se. Estava cansado e não queria ouvir mais nada.

Todas aquelas entidades, agora reunidas, se regozijavam e falavam ao mesmo tempo com Ana Maria, dizendo:

— Fomos vencedores! Você mesma está atestando a eficácia dos nossos poderes, a nossa capacidade de realizar o que quisermos. Agora, estamos unidos para sempre. Você atendeu-nos e nós a atenderemos e formaremos um grupo imbatível.

Vendo os irmãos no estado em que se encontravam, ela, em pensamento, disse-lhes:

— Não precisavam deixá-los como estão!

— Nós apenas os induzimos, eles próprios se atacaram. E não vamos parar! Agora que começamos, mais ainda vamos estimular Ricardo para que a conquiste, deixando Alexandre mais irritado e desiludido. Depois que conseguirmos o que desejamos, os deixaremos entregues a si próprios, e, o que acontecer, será por conta deles.

Quando atingiram Augusto provocando-lhe uma intensa dor de cabeça, era apenas um experimento para que Ana Maria atestasse a força que possuía e reconhecesse também a força dos donos das vozes.

Agora, pelo modo como trabalharam Ricardo e Alexandre, não era mais um experimento, mas o início de uma

O valor das experiências

atividade que não teria freios. Eles quereriam sempre mais e mais, para se regozijarem com o mal que praticavam.

Por sua vez, a própria Ana Maria, retomando a sua personalidade daquela de tempos antigos e que tanto mal provocara por simples prazer, prejudicando tantas pessoas, também faria a sua parte e os solicitaria constantemente.

Deixemos o futuro ao futuro, que poderia também não se concretizar, para o bem deles todos, e cuidemos, agora, do que estava acontecendo.

Logo mais, Alexandre também foi para o quarto que sempre partilhara com o irmão numa grande camaradagem, desejando que ele já estivesse dormindo para que a altercação entre ambos não fosse retomada.

Trazia ainda muita mágoa no coração contra ele, mas trazia também contra Joana que se voltara para o irmão.

Pensando melhor, concluiu que foi bom que tivesse acontecido logo, antes que assumisse algum compromisso com quem não merecia.

Que ele sofreria e já estava sofrendo, era fora de dúvida, mas superaria aquele período e deixaria o irmão entregue a si mesmo para que fizesse o que considerasse melhor.

Deitado em seu leito sem conseguir dormir, tão chocado estava pelos acontecimentos, pensou muito. Ninguém lhe perturbava a mente e ele pôde pensar em paz, dentro do equilíbrio e da lucidez de que sempre fora portador, e chegou à conclusão de que deveria afastar-se completamente de Joana.

O que acontecesse daí para a frente seria de inteira responsabilidade de Ricardo. Ele não mais a procuraria sob pretexto algum, e faria o possível para nunca mais ir à sua casa, mesmo que tivesse negócios a tratar com o pai dela.

Que ele comparecesse ao escritório deles como o fazia a maioria de seus clientes, assim evitaria vê-la, até que a retirasse completamente do seu pensamento e do seu coração.

Ao contrário, Ricardo tinha outras expectativas. Não via a hora de poder voltar à casa dela, sem que o irmão estivesse junto, a fim de entabularem uma conversação mais franca; dizer o quanto se impressionara com ela, para que a jovem, que também se mostrara interessada por ele, se decidisse de vez a seu favor.

Em nenhum momento ele pensava que poderia magoar o irmão, que isso não fazia parte das suas preocupações.

Alexandre, pela decisão tomada, ficara liberto dos que prepararam a cilada contra ele, mas Ricardo não.

Um deles o acompanhava, acompanhando seus pensamentos, estimulando-o cada vez mais a que a procurasse e se entendesse com ela.

Nem precisavam mais de Ana Maria para a manutenção daquela situação, porque eles mesmos tomariam conta dela sozinhos a partir de então. Caso necessitassem de algum reforço a mais, de criar algum momento decisivo, ela seria solicitada.

Por sua vez, Ana Maria, depois daquela ação contra o pai, e agora, contra os irmãos, estava maravilhada consigo mesma.

— Então tenho poderes para conseguir o que quiser? E eu conseguirei muito! Tudo o que desejar, agora, terá um direcionamento diferente – eu mesma obterei. Todos os que me incomodarem também receberão a sua parte. Tudo será como eu quiser, com quem quiser, a hora que quiser, não importam os meios nem a quem prejudique, mas apenas conseguir. Tenho poderes para isso e tenho as vozes que me auxiliam.

O valor das experiências

Por seu lado Ricardo, na manhã seguinte, levantou-se com o firme propósito de visitar a jovem no fim da tarde. Mostraria ao irmão que era dele que ela gostara, sem saber que Alexandre, depois de muito pensar, entendeu que não deveria prosseguir com a esperança de se unir a ela um dia. Ela se mostrara volúvel e inconstante, e ele, embora sofresse, logo a esqueceria.

Quando casasse, desejava ter uma esposa que o amasse, que se dedicasse a ele e ao lar, para que pudessem proporcionar aos filhos que tivessem, um ambiente de paz e segurança, como eles mesmos tiveram a vida toda junto de Augusto e Anne.

Pela manhã, ainda no próprio quarto, quando os dois se enfrentaram para se prepararem para o trabalho, houve um certo constrangimento entre eles. Nenhuma palavra foi trocada.

Alexandre tinha sua decisão tomada como resultado das suas reflexões, mas nada disse ao irmão. Não precisava dar-lhe satisfações.

Ao mesmo tempo Ricardo, tendo decidido que procuraria a jovem, também nada queria dizer.

Assim ambos deixaram o quarto, fizeram sua primeira refeição aos olhos preocupados de Anne, e, quando se dispunham a sair, ela chamou-os, dizendo:

— Meus filhos, esta noite não consegui dormir preocupada com vocês. Onde está a amizade que sempre os uniu? Se foi só aparecer uma jovem por quem se interessaram, para que aquela amizade bonita entre ambos fosse abalada, é porque ela não merece nenhum dos dois. Não deixem que ninguém interfira entre vocês, para que também o trabalho que sempre realizaram com dedicação e amor, não fique prejudicado. Lembrem-se do ideal que tinham! Agora que o estão realizando, não deixem que se

desfaça. Vão para o escritório, trabalhem como se nada tivesse havido, que logo vocês mesmos entenderão que o que fizeram ontem não valeu a pena!
— Não se preocupe, mamãe! – respondeu Alexandre, seguro de si.
Dizendo isso, ambos retiraram-se. Na rua, porém, Alexandre tornou com a palavra dizendo ao irmão:
— Mamãe tem razão! Nada do que aconteceu deve abalar o nosso trabalho. Nossos clientes confiam em nós, não podem ser prejudicados e nós não podemos perdê--los. A partir daqui será como se nada tivesse acontecido conosco.
Ricardo ouviu as palavras do irmão pensando mais na jovem, na disputa que teria de realizar, que no significado de cada uma delas. Entretanto, a essência principal ele captou, o suficiente para prosseguirem amigos pelo menos no horário do trabalho e em casa, para que os pais não se preocupassem, porque, de Joana, não desistiria. Competiria com o irmão o quanto fosse necessário para conquistá-la.
Como Alexandre, mesmo sofrendo, compreendeu que não deveria prosseguir com suas esperanças, embora nada revelasse, para Ricardo, conquistá-la, seria fácil.
O dia transcorreu dentro da rotina, nas obrigações e tarefas de cada um e, no final da tarde, ao retornarem para casa, Ricardo disse ao irmão que daria umas voltas pela cidade, que estava precisando caminhar um pouco e pensar, por isso preferia ficar sozinho.
No momento, Alexandre, de nada desconfiou. Quem sabe estava arrependido do que fizera e precisava pensar, até porque aquela hora não era adequada a visitas a ninguém.
Alexandre retornou só e Ricardo foi direto à casa da

O valor das experiências

jovem, motivo da desavença entre os dois.

Ela o recebeu com um sorriso nos lábios e mandou-o entrar, mesmo sabendo que o pai não se encontrava em casa e não deveria fazê-lo; mas, vendo-o só, não queria perder a ocasião de lhe falar. A casa possuía criados e não teria importância se ficasse só com ele.

— Onde está Alexandre? – indagou ela para um começo de conversa.

— Ele não sabe que vim, mas não poderia deixar de fazê-lo. Estava ansioso para lhe falar. Desde ontem não consigo tirá-la do meu pensamento e gostaria de saber também se permaneci no seu. Pelos olhares que me lançava tenho essa esperança.

— O senhor não está enganado! De fato, a partir de ontem a direção dos meus pensamentos mudou. Passou de Alexandre para você que se chama...

— Ricardo! Meu nome é Ricardo! Sei que o seu é Joana e o repeti comigo mesmo em todos os minutos do dia de hoje.

— É muito agradável ouvir o que diz, e quero estar no seu pensamento o dia todo, mas quero estar também no seu coração, como eu já o tenho no meu.

— E Alexandre?

— Entusiasmei-me por ele porque não o conhecia. Agora ele não existe mais para mim, senão como o seu irmão.

— E o que fará? Ele a ama!

— Mas eu não o amo! O amor penetra sozinho no nosso coração sem que o coloquemos pela nossa vontade. Eu não tenho culpa de ter me interessado por você.

Ah, vitória que aqueles portadores das vozes cantavam! Fora mais fácil do que imaginaram. Influenciaram a mente de Ricardo e de Joana para que aquele elã entre eles se formasse, e que o considerassem já como o mais profundo amor. Na verdade, porém, era um sentimento imposto, sem raízes profundas, portanto frágil e sem consistência que, à vontade deles, se desfaria em momentos, era só eles se afastarem.

Mas ainda não era o momento. Teriam que intensificar o sentimento que nascia para que tomasse os rumos que desejavam. Depois, sim, os deixariam e o relacionamento entre eles cairia por terra. Eles se enxergariam tal qual eram na realidade, despidos de simpatia e de todo o interesse que um relacionamento a dois precisa para ser mantido, e chegariam ao ponto de um não suportar a presença do outro. O que aconteceria depois, entre ambos, não era mais da competência deles. Já haviam mostrado o seu poderio e nada mais precisavam provar.

XIII

Agindo nas sombras

Ricardo chegou mais tarde em casa, trazendo o brilho dos olhos mais intenso e a alegria no coração. Mesmo que Alexandre voltasse à casa de Joana, seria rejeitado por ela.

Ninguém perguntou por onde ele andara porque Alexandre já havia avisado a mãe, que considerou a caminhada uma boa decisão dele.

Ao vê-lo bem, Anne disse-lhe:

— Vejo que voltou feliz, e por isso me alegro. Nossa família sempre foi muito unida e preocupou-me bastante o que houve ontem.

— Não haverá mais, mamãe! Pelo menos por mim, não haverá mais!

Ele estava certo do amor de Joana, da escolha que ela havia feito e não precisava lutar contra mais ninguém. Era esperar um pouco e depois falaria à família que desejava se casar. Se Alexandre voltasse para visitá-la, seria bom, porque ela mesma lhe falaria, sem que ele tivesse que enfrentar o irmão.

Não obstante tentasse esconder, o coração de Alexandre estava cheio de mágoas.

O irmão o traíra, mas traição maior, ele sentia, vinha de Joana a quem já confessara o seu amor e que dizia amá-lo também.

Por mais ele tentasse ser cordial e proceder com naturalidade com o irmão, sobretudo quando estavam no lar, aos olhos da mãe, estava sendo difícil.

Aquela camaradagem franca que existia entre eles, não havia mais.

Ricardo, trazendo culpas, parecia meio constrangido e assim ambos ficavam distantes, mesmo que estivessem juntos.

As entidades que inflamavam a mente de Ricardo em direção à Joana, continuavam o seu trabalho, mas precisavam intensificá-lo.

Alexandre, conforme prometera a si mesmo, nunca mais voltara a procurá-la, o que favoreceu Ricardo que a visitava constantemente. O pai dela, que se alegrara quando percebera o interesse de Alexandre pela sua filha, estava feliz da mesma forma. Para ele tanto fazia um como o outro. Consideravam-nos da mesma forma.

Alguns dias passaram daquele acontecimento primeiro e Ricardo, estimulado pelas entidades, já pensava em casamento.

Nada ainda revelara à família, mas precisava conversar com os pais, contar o que estava acontecendo e dizer-lhes que pediria a mão de Joana em casamento.

Quanto ao irmão, não se preocupava, veria a sua reação na hora que ele soubesse, mas nada se modificaria.

O valor das experiências

Como a amizade entre ambos estava abalada, sempre saía sozinho para visitar Joana, porque sabia, o irmão não a procuraria mais.

O pai dela, porém, vendo que o relacionamento deles estava se tornando sério, chamou-o para uma conversa, dizendo que queria dele uma definição – ou o casamento, ou não permitiria mais que visitasse sua filha. Ricardo, já bem estabelecido profissionalmente, não precisava esperar mais.

Prometeu falar com seus pais e depois, numa reunião entre ambas as famílias, decidiriam a data e os detalhes do casamento.

Vendo-se premido diante dessa situação, ele contou aos pais o que estava acontecendo, para indignação da mãe:

— Então você continuou a visitá-la desconsiderando o amor que seu irmão tinha por ela?

— É a mim que ela ama agora. Com Alexandre foi só um entusiasmo passageiro. Comigo, ao contrário, é um amor sólido, consistente e desejamos nos casar.

Augusto, compreendendo o filho, conquanto não aprovando o que ele havia feito, achou por bem concordar e comprometeu-se a fazer o pedido por ele, como era de praxe, para que o casamento se realizasse logo e Alexandre tirasse de vez aquela jovem do coração.

Pobre Anne que amava os dois filhos igualmente e não desejava ver nenhum dos dois sofrer, ainda mais por contendas entre eles mesmos por causa de uma mulher.

Assim que Ricardo terminou a conversa com os pais, ela esperou acalmar-se e, quando o filho saiu, procurou Alexandre para contar-lhe o que houvera.

Ela não queria que ele soubesse por conversas que ouviria na casa, mas por ela mesma que saberia como dizer e estaria presente a qualquer reação que ele tivesse.

Com calma e cuidado, observando todas as reações dele nas mínimas contrações de seu rosto, ela contou o que Ricardo dissera e que o pai concordara para que aquela situação se definisse e ele não sofresse mais.

Assim que ela terminou, controlando-se para também não ver a mãe sofrer, apaziguando o seu coração, ele respondeu:

— Mamãe, do momento em que vi o interesse de ambos, ainda mais o de Joana que pensei me amasse, decidi que não entraria nessa disputa e afastei-me completamente. A senhora sabe que eu a amava, que lhe contei, mas, se ela procedeu levianamente para comigo, não seria bom para mim, insistir. Não digo à senhora que a esqueci totalmente, que isso ainda não aconteceu, mas com esse acontecimento de agora, conseguirei tirá-la do meu coração. Sei que ela, fazendo parte da família, pelo casamento, ficará difícil para mim, mas saberei como agir diante dos dois. Que eles sejam muito felizes, é o que lhes desejo.

— Eu tenho medo, meu filho!

— Ora, medo de quê?

— Se ela agiu tão levianamente diante de você, ainda aprontará alguma para Ricardo, que também não quero ver sofrer.

— Ele terá o que procurou e, para mim, foi bom ter presenciado o que ela fez, que me deu a certeza de que não merecia o meu amor.

— Logo você encontrará outra jovem que o mereça, que o amará e a quem você também amará.

— Tudo vem a seu tempo! Preocupo-me por Ricardo porque gosto dele e não quero vê-lo sofrer.

O valor das experiências

— Eu também, filho! Tenho receio de que ele sofra, mas ele mesmo escolheu o seu destino. Aqui estaremos para ampará-lo se algo errado houver.

A conversa encerrou-se.

Ricardo combinou com o pai de Joana o dia em que seus pais poderiam visitá-los, para que o pedido fosse feito e a cerimônia do casamento combinada.

Ele pouco falava com o irmão e sentia-se, diante dele, mais constrangido ainda, mas viu-se na obrigação de contar-lhe que haviam decidido casar-se.

Assim que Alexandre percebeu o assunto que abordaria, disse-lhe:

— Não precisa preocupar-se! Mamãe já me pôs a par do que acontecerá, e quero afirmar: – Do momento em que me retirei daquela casa, foi para sempre, e a esqueci completamente. Desejo que sejam muito felizes.

Mais constrangido pela resposta do irmão, Ricardo agradeceu e retirou-se aliviado por ter enfrentado aquele momento que considerava difícil.

Paralelamente aos preparativos que se realizavam para o casamento, que fora marcado para três meses após a visita que Augusto e Anne fizeram à futura esposa de seu filho, uma outra preparação se efetuava.

Se aqueles que se comunicavam com Ana Maria através das vozes, e realizavam trabalhos infelizes de prejuízo por meio dela, haviam preparado toda aquela situação que culminaria com o casamento em breve, eles decidiram que não abandonariam os dois à sua própria sorte. Estavam já engendrando um plano para o depois, no qual Alexandre estava incluído. Esse era o ponto alto do trabalho que realizavam, com um desfecho que esperavam, fosse espetacular.

Wanda A. Canutti pelo espírito Eça de Queirós

Quando se está em preparativos para algum acontecimento, ainda mais quando se trata de um casamento, todos os detalhes são verificados e estudados com cuidado e não se vê o tempo passar.

Assim, os três meses se completaram e tudo ficou pronto, tanto por parte de Joana, com o enxoval, o vestido e a festa, quanto no que competia a Ricardo, que era a casa onde iriam morar, com o mobiliário e utensílios necessários para que uma casa tenha todas as suas funções bem desempenhadas.

Anne não estava feliz. Tivera pequena convivência com Joana, mas temia. Parecia que um pressentimento agourento tirava-lhe a paz. Se os dois filhos não poderiam estar felizes, pelo menos que Ricardo, escolhido por ela em desprezo a Alexandre, fosse feliz.

Alexandre saberia como vencer aquela situação e a venceria. Mesmo sem sentir muita vontade, compareceu à cerimônia do casamento porque não queria ser elemento de indignação perante os convidados.

A festa na casa da noiva transcorreu feliz para todos os que dela partilharam, apesar de que Alexandre, tendo marcado sua presença, logo se retirou sorrateiramente porque não se sentia bem ali. Era a primeira vez que voltava ao local onde tantas juras de amor haviam sido trocadas.

Terminada a festa, os noivos foram para a casa que Ricardo havia preparado, e os pais dele, com Ana Maria, retornaram para seu lar, onde Alexandre já estava deitado dormindo.

Ana Maria que imaginou, contribuiria com os portadores das vozes para que preparassem uma altercação muito intensa entre seus irmãos, ocasionando um rompi-

O valor das experiências

mento definitivo entre ambos para mais testar as suas possibilidades, estava um tanto decepcionada.

A briga entre os dois fora passageira e tudo voltara ao normal, ao menos aos olhos dela.

Quando voltou da cerimônia do casamento, solicitou aqueles que lhe falavam para cobrar-lhes o que haviam proposto e não acontecera, mas eles, tranquilizando-a, disseram:

— Seu irmão Alexandre é muito bom e soube como sair dessa situação, mas o que lhes preparamos, agora, ninguém sairá ileso, nem Ricardo, nem Joana, nem Alexandre. Será uma situação definitiva. Espere mais uns dias apenas e verá.

Ana Maria passou a aguardar a orientação que lhe dariam, para que o trabalho fosse realizado e conseguissem o que não acontecera conforme desejavam.

Toda vez que um mal nos é direcionado, seja com a intenção que for, para que ele nos atinja, vai depender muito de nós, de nossa postura, de nossas ações, e muito mais que tudo, dos nossos sentimentos.

Temos em nós mesmos as condições de rechaçá-lo, sem que sejamos atingidos se soubermos nos portar. É das nossas atitudes que o mal que nos queiram chega até nós ou não.

Se formos fortes, se analisarmos as situações em que nos virmos inseridos e tomarmos a melhor decisão de não sermos atingidos, não o seremos.

Se, ao contrário, nos curvarmos, sentindo-nos a mais infeliz das criaturas, achando que tudo o que é ruim nos acontece, estaremos criando condições para que se instale. E, do momento em que isso acontecer, tudo ficará mais difícil, porque nós mesmos estaremos contribuindo negativamente para conosco mesmos.

Wanda A. Canutti pelo espírito Eça de Queirós

Porém, se levantarmos a cabeça sentindo que somos fortes, que saberemos enfrentar o momento difícil por que passamos, com serenidade e sem desespero, sem acusar ninguém, mas compreendendo que certamente nós fomos os culpados, ele se afastará porque não encontrará em nós campo favorável para germinar e crescer.

Saibamos, pois, enfrentar as situações adversas, para que o mal não aumente ainda mais pela nossa imprevidência, sanando nossos pensamentos e atitudes, a fim de que o terreno do nosso coração continue fértil e saiba separar as sementes que nele são atiradas.

Se deixarmos crescer aquelas que não serão boas para nós, mais difícil será depois extirpá-las, porque as raízes que criam crescem rapidamente e são profundas.

Os primeiros dias de vida em comum de Ricardo e Joana, transcorriam em juras de amor, em alegrias e felicidades.

Ricardo afastou-se do trabalho por alguns dias, pois Alexandre insistiu para que ele ficasse em casa. Assim, ele mesmo sentir-se-ia melhor em não enfrentar o irmão logo após o casamento.

Cinco dias passaram e ele voltou. Alexandre recebeu-o com cordialidade e alegria, dando-lhe a certeza de que mais nenhum ressentimento havia e que recomeçariam uma nova vida.

Alexandre preocupou-se porque, a partir do casamento, as portas da casa de seus pais estariam abertas para Joana a hora que quisesse visitá-los. Com certeza ela iria sempre acompanhando o marido, e ele, dentro do que lhe fosse possível, se retiraria com alguma desculpa.

O seu coração já estava apaziguado daquele sentimento que nutria por ela, mas, se não a visse, sentir-se-ia

O valor das experiências

melhor, até para não ocasionar nenhum constrangimento para os dois.

Se realmente o que ela sentia por Ricardo fosse amor, e se esse amor fosse duradouro, não haveria perigo nenhum. Todavia, como se portara tão levianamente, ela poderia, depois que já conquistara o seu irmão, voltar-se novamente para ele, o que seria uma desgraça para todos.

Sem que ele soubesse nem sequer imaginasse, era exatamente o que as entidades infelizes preparavam, e Ana Maria lhes seria o instrumento do qual eles se utilizariam no momento certo.

Deixariam passar algum tempo, mas não muito, porque desejavam estar ativas o mais rápido possível, porque era para isso que ali estavam e o trabalho era importante para elas.

A própria Ana Maria, querendo cada vez mais testar as suas possibilidades, perguntava-lhes o que poderiam realizar para que ela também trabalhasse. O que poderia fazer, não só para as pessoas da família, mas também fora dela, para verificar até que ponto suas possibilidades atingiriam.

Eles, respondendo, explicaram-lhe:

— Seja o que for que fizermos você sempre nos ajudará daqui com o seu pensamento e mais algum ritual do qual precisarmos e para o qual lhe orientaremos, mas, quem age diretamente contra quem desejamos atingir, somos nós. Nós é que saímos para realizar o que quisermos, auxiliados pelo que você fará aqui, mas, para nós, não há distâncias. Cobrimos qualquer uma em pouco tempo e atingiremos quem desejarmos. Quando quiser tentar é só nos pedir.

Os dias passavam. Ricardo, às vezes, levava Joana, à noite, à casa dos seus pais para visitá-los e Anne preocupava-se. Quando sabiam que iriam, Alexandre, para não fazer desfeita, esperava-os, cumprimentava-os, depois pedia licença alegando algum compromisso e retirava-se. Ele também temia a atitude de Joana, que, embora casada, poderia ainda ser leviana ocasionando problemas.

Para conseguir o que desejavam, eles, os portadores das vozes, precisavam ampliar o seu campo de ação.

Aproveitando-se da fragilidade dos sentimentos de Joana, eles deveriam permanecer com ela, no seu lar, e começar, junto dela, um trabalho sutil mas de muita profundidade, e que seria a base de onde partiria tudo o que aconteceria após.

De início, fizeram-na olhar mais atentamente para o seu lar, para suas novas obrigações de casada, fazendo-a sentir que não era aquela a vida que desejava.

Do momento em que lhe colocaram esses pensamentos, nulificando, às vezes, os que partiam dela própria, ela começou a analisar a sua vida.

Em seguida relacionaram aquela situação fazendo-a imaginar que, se fosse com Alexandre, que perdera por insensatez, seria diferente. Ela o amara deveras, e qualquer sacrifício valeria a pena, para esperá-lo a cada fim de tarde, quando voltasse do trabalho, e viver com ele momentos ternos de amor.

Como eles eram sutis e inteligentes!

Não podemos dizer que, depois de casada, Joana, dona e senhora ainda dos seus pensamentos, não tivesse pensado em Alexandre.

Teria ela feito o melhor, desprezando um, deslumbrada com o outro?

Aproveitando-se do que puderam captar, unindo às intenções que traziam, jamais ela perceberia que estava sendo vítima da vontade de alguém. Ricardo também nunca percebera que tivera o coração despertado por ela como vontade imposta, mas que ele aceitara de boamente e coração aberto, porque estava enciumado pelo irmão estar dispensando o seu amor a alguém.

O campo estava sendo preparado, mas Ricardo precisava continuar a ser trabalhado, senão, nada do que fariam teria as consequências espetaculares que esperavam.

Cada vez mais olhava a esposa com olhos de amor, desejando que o dia terminasse logo para retornar para casa e estar junto dela.

Nem de levá-la a passeios gostava, para que ela não tivesse a atenção despertada para nada que não fosse ele.

Desse modo, ele começava a tornar-se ciumento, de um ciúme que aumentava com o passar dos dias, e, quando o sentia mais profundamente, lembrava-se do irmão. Não que tivesse motivos para isso, pensava, que Alexandre fora íntegro e se afastara quando percebeu o sentimento que nascia entre ambos. Porém, sempre era bom ficar atento.

Depois de alguns dias que haviam começado esse trabalho, uma visita à casa de Alexandre deveria ser realizada pelo casal.

Para isso estimularam Ricardo para que fosse sem avisá-los. Chegar de surpresa seria muito melhor.

À noite, depois do jantar, Ricardo convidou Joana e ela, trazendo o irmão dele no pensamento mais do que devia, concordou, alegrando-se mas sem demonstrar.

Alexandre que sempre gostara de conversar com o pai, estava com ele tranquilamente sentado na sala, enquanto Anne se ocupava de completar algum afazer na cozinha.

Quando eles entraram, Alexandre surpreendeu-se. Não seria possível alegar compromisso e sair, se estava à vontade em casa, já com seu robe, aguardando a hora de se recolher.

Imediatamente, depois de recebê-los com o pai, pediu licença e foi mudar de roupa, mas não sabia como fazer.

Vendo-o naqueles trajes íntimos, tão à vontade dentro do lar, imediatamente Joana, ajudada por pensamentos que lhe eram impostos, imaginou-o daquele jeito em sua casa junto dela.

No mesmo instante um outro pensamento em forma de exclamação lhe foi colocado na mente e ela, sem poder expressá-lo em voz alta, disse de si para consigo.

— Ah, como fui tola em desprezá-lo por Ricardo!

Estava formado o elo de que precisavam para, a partir daí, começarem o trabalho mais diretamente junto dos dois, colocando também, de forma intensa, o ciúme em Ricardo, fazendo-o ver o que não existia, aumentando detalhes sem importância, para que crescessem aos olhos dos três envolvidos e aí começasse a urdir a teia do descontentamento, do amor e da desunião.

Ah, como se sentiam inteligentes e sagazes! Como dominariam cada mente dirigindo-a a seu bel prazer, até conseguirem o que desejavam!

Ana Maria não sabia de tudo o que já estavam realizando, porque ainda não precisavam dela.

Eram apenas momentos de preparação.

Quando sentissem, ser a hora de atacarem direta e profundamente, criando a situação que culminaria com a conquista do que desejavam, como coroamento de um trabalho bem urdido e bem realizado, eles a solicitariam para que os ajudasse, a fim de que nada saísse errado.

O valor das experiências

Enquanto Alexandre não voltava, Joana não conseguia desviar o pensamento dele.

Ele, porém, perturbado e preocupado, demorava bastante.

Ricardo, não encontrando a mãe na sala, foi para o interior da casa e, em pouco tempo voltavam juntos.

Anne recebeu Joana demonstrando alegria, e, depois de algum tempo Alexandre, sem ter como evitar, foi fazer-lhes companhia.

As entidades que estagiavam na casa estavam exultantes.

Quem tem uma sensibilidade maior e pode ver além do que os olhos do corpo físico veem, veria junto de cada um dos três – Ricardo, Alexandre e Joana, uma entidade. Cada uma procurando esmerar-se mais na influência que provocava nas mentes deles.

Em Alexandre despertavam-lhe a vontade de olhar para ela, porque percebera que ela estava mais bonita ainda de quando a conhecera.

A Joana faziam o mesmo e, a Ricardo, que prestasse atenção nos dois.

Todos conversavam, estimulados por Augusto e Anne que temiam aquela situação, mas girava em torno do trabalho deles.

Anne, porém, desejando diversificar o assunto, esforçando-se para dar uma atenção maior para Joana, perguntou-lhe sobre a sua vida atual, a direção da casa, como estava se saindo. E, enquanto conversavam, os homens silenciaram, ocasião em que Alexandre, disfarçadamente olhava para Joana, achando que realmente ela estava mais bonita.

Aquele que acompanhava Ricardo despertava nele a atenção para o irmão, fazendo-o ver, numa intensidade muito maior, que ele olhava para sua esposa, o que não estava agradando-o.

Em dado momento, Ricardo, tomado de um ciúme mais intenso, levantou-se e convidou Joana para irem embora.

— Mas estamos conversando, meu querido! Fiquemos mais um pouco!

Ninguém se manifestou a favor de Joana, e Ricardo justificou-se dizendo que já era tarde e que todos precisavam descansar.

Alexandre sentiu-se aliviado com a decisão do irmão, e Joana, não tendo como insistir, levantou-se também.

Despediram-se e retiraram-se, mas na rua, quando a sós, Ricardo não conseguiu calar-se, acusando-a de olhar para o seu irmão mais do que deveria pela conversa que desenvolviam. Ela irritou-se com ele, formando, aí, a primeira altercação tão necessária ao que as entidades desejavam.

Quando eles se retiraram, Alexandre ainda permaneceu com os pais, na sala, e comentários foram feitos.

Anne foi a primeira, dizendo:

— Não sei o que é mas não simpatizo muito com Joana. Não deveria estar fazendo este comentário, uma vez que ela é esposa de meu filho, e, agora, parte da nossa família, mas tenho receio.

— Receio de quê? – indagou Augusto.

— Você sabe a que me refiro!

Alexandre ouvia-os sem nada dizer e Augusto respondeu:

— Ela já fez a sua escolha! O que deveria acontecer, já aconteceu!

— Quem toma atitudes precipitadas pode arrepender-se. Não confio nela e temo pelos meus filhos. Não só por

O valor das experiências

Ricardo mas por Alexandre também, que tem se esforçado mas ainda não a esqueceu. Isto não é verdade, meu filho? – indagou ela dirigindo-se a Alexandre.

Ele ficou meio encabulado e nada respondeu, mas Anne, que não queria perder aquela oportunidade de abrir-lhe os olhos, fazendo-lhe um alerta, disse:

— Só o seu silêncio para mim é uma resposta. Fique atento, filho, e esforce-se para esquecê-la completamente. Ela não merece que sofra por ela.

— Não estou sofrendo, mamãe! Como papai falou, ela já fez a sua escolha e eu entendi.

— Porém, ainda não conseguiu esquecê-la!

— Mas conseguirei! Mesmo que eu sofra, como a senhora diz, eu quero que Ricardo seja feliz e nunca faria nada para destruir o seu lar. Se eu quisesse disputa o teria feito antes deles se casarem. Agora, não!

Assim explicando, querendo encerrar aquele assunto que o desgostava, levantou-se dizendo que iria deitar-se.

Antes que se retirasse, Anne ainda o advertiu:

— Pense em tudo o que falamos!

Depois, a sós com o marido, ela comentou:

— Não quis falar nada diante de Alexandre, mas percebi muito bem os olhares dela para ele, e Ricardo também deve ter percebido por ter querido ir embora logo.

— Nunca pensei que fôssemos viver esse problema com nossos filhos que sempre me pareceram tão equilibrados e amigos. Bastou chegar uma mulher, para abalar a camaradagem que sempre existiu entre eles.

— Nós estamos atentos e eu defenderei a felicidade de meus filhos a todo o custo. Se precisar falarei francamente com ela.

XIV

Pedido de auxílio

Do momento em que Joana saiu da casa de Alexandre, ela não tinha outro pensamento. Ele tomava todos os espaços de sua mente em todas as horas dos seus dias.

Na presença do marido até tentava ser natural e espontânea, mas, algumas vezes ele a surpreendia absorta e distante, preocupando-o.

Daquele dia em diante ele passou a observá-la mais atentamente, como se quisesse invadir a intimidade dos seus pensamentos e descobrir onde ou em quem eles estavam.

Ainda bem que não conseguia, senão iria ficar tão irritado e decepcionado com a esposa, que uma briga muito intensa haveria entre ambos.

Às vezes analisava a forma como a conhecera, lembrava-se do que houvera entre ambos, e que, a partir daquele dia, Alexandre se afastara completamente deixando-os viver aquele enlevo que os tomara quando se viram.

— Estaria ela arrependida? – pensava Ricardo.

Se ela abandonara o irmão por causa dele, era porque era volúvel e podia fazer o mesmo agora com ele, imaginava.

As entidades empenhadas nesse caso, mais influenciavam-nos. Encontravam em cada um deles, um campo pronto para florir, segundo as suas intenções e, para isso, trabalhavam.

Ricardo tanto pensava que, certa vez, poucos dias após a visita à casa dos pais, dizendo ao irmão que tinha uma obrigação a cumprir na rua, foi à casa dos pais conversar com sua mãe.

Ela poderia compreendê-lo e dizer-lhe o que estaria havendo da parte de Alexandre.

Quando chegou, ela surpreendeu-se, e ele disse que precisava falar-lhe, que trazia um assunto importante que o estava preocupando.

— Fale, meu filho! Não quero que nada o preocupe. Se puder ajudar, eu o farei com muito amor.

Ricardo expôs-lhe os seus receios assustando-a, mas o que ela poderia fazer?

Dizer que também andava preocupada, que não confiava na esposa dele e temia que a qualquer momento ela lhe preparasse alguma, como já o fizera a Alexandre por causa dele, jamais o poderia.

Impedida pelos próprios receios de insuflar ainda mais as preocupações do filho, ela contemporizou, tentando apaziguar seu coração:

— Não acredito que Joana seja capaz do que está pensando. Ela já estava com Alexandre e, se realmente o quisesse, não teria se bandeado para o seu lado. Entretanto, não convivo com ela, não posso penetrar o

O valor das experiências

seu coração para ver o que ele abriga, mas conheço muito bem o meu filho. Jamais Alexandre faria alguma coisa ou tomaria alguma atitude que pudesse prejudicá-lo. Lembre-se de que ele se retirou de junto dela ao perceber o que se passava entre vocês. Não será agora que retornará. Ele magoou-se muito naquela época, mas já venceu. Não se preocupe por ele. Agora, com sua esposa, é você que deve saber.

— Eu a amo muito, mamãe, e não quero perdê-la!

— Sinto que você não tem confiança nela, meu filho. Mas é melhor esquecer tudo isso e continuar a sua vida sem essas preocupações para não fazer de sua vida um inferno. Desfrute do amor que sente por ela com alegria, lembrando-se de que ela o escolheu.

— A senhora tem razão! Devo estar enxergando o que não existe e preocupando-me à toa.

— Não deixe que essas preocupações estraguem a sua vida. Não quero ver meus filhos sofrerem, nem Alexandre, nem você.

Ricardo retirou-se mais tranquilo, imaginando que estava se precipitando e que realmente nada havia para isso.

A entidade que o acompanhava deixou-o fazer esses raciocínios tranquilamente, mas logo a seguir envolveu-o novamente, fazendo-o esquecer totalmente as palavras da mãe.

Por outro lado, assim que ele saiu, Anne continuou sentada durante algum tempo pensando muito. Enquanto pensava, preocupada, Ana Maria chegou perto dela indagando:

— O que está acontecendo com Ricardo, mamãe, para ter vindo aqui a esta hora e ter deixado a senhora tão preocupada?

— Não estou preocupada, filha!
— Está sim, que estou vendo!
— É por causa de Joana!
— O que está acontecendo com ela?
Como nada havia a esconder da filha em relação a seus irmãos, que eram todos da mesma família, ela contou-lhe em detalhes o que estava havendo, os receios de Ricardo, a atitude de Joana.
A jovem alegrou-se intimamente apesar de que nada daquilo era novidade para ela. Tentou esconder sua satisfação, mas, sua mãe, atenta, logo percebeu.
— O que aconteceu, filha? Não se preocupa também com o que lhe contei de seus irmãos?
— Não me preocupo porque sei, esse casamento não vai dar certo! Não demorará muito para que Ricardo deixe Joana.
— Como sabe disso?
— Esqueceu-se de que ouço vozes que falam comigo?
— E essas vozes já lhe disseram o que vai acontecer com o seu irmão?
— Em detalhes!
— Como assim? Explique-se!
Pela insistência da mãe Ana Maria compreendeu que havia falado demais. Deveria ter se mostrado ignorante da situação e continuado o trabalho para ver o que aconteceria. Estando prevenida, a mãe poderia tomar alguma providência anulando o trabalho que faziam.
Ao mesmo tempo que teve esse pensamento, uma das entidades das vozes disse-lhe:
— Nada fará anular o nosso trabalho. Sabemos como agir, embora compreendamos que tenha errado. Por outro lado, intensificaremos a nossa ação para vê-la terminada

O valor das experiências

mais rapidamente. Para isso faremos uma reunião para novos direcionamentos. De alguma forma você nos ajudou e muito mais nos ajudará, depois que decidirmos o que fazer.

Anne ficou deveras preocupada com a visita do filho e ainda mais com as palavras de Ana Maria.

Seria necessário alguma coisa fazer, alguma medida tomar para evitar que sua família se desmantelasse. Qualquer atitude irrefletida tomada por Joana, teria reflexos no seu próprio lar com Alexandre, sem falarmos em Ricardo que se sentiria destroçado.

Porém, o que poderia fazer? Se falasse com Joana poderia precipitar acontecimentos. Se se calasse, parecia-lhe que estava se omitindo.

O melhor, de início, seria expor o que estava acontecendo a Augusto e ele, sempre ponderado e zeloso pela família, poderia ter alguma solução.

Se não a tivesse, que era o mais provável diante do que se apresentava, e, se temia, ao menos estariam juntos. Os problemas divididos, sobretudo com quem nos compreende e partilha também das nossas preocupações, parecem ficar menores.

E foi o que aconteceu.

Augusto fê-la compreender que deveriam ficar atentos mas que, no momento, nada deveriam fazer para não precipitar atitudes.

— Até agora tenho orado muito, – afirmou Anne ao marido – mas, de hoje em diante, se nada mais nos resta a fazer, orarei ainda mais. Quem sabe mamãe, de onde está, que enxerga muito mais que nós, que pode penetrar profundamente nos problemas e situações, possa nos ajudar. Vou me dirigir a ela, agora, em minhas orações. Pode ser que me ouça e venha em nosso auxílio. Afinal, mamãe sempre nos amou muito e não quererá que nada de mal aconteça e destrua a nossa família.

— Tem razão, querida! Lembro-me de Marta com muito carinho e sou testemunha da sua bondade. Ela nos ajudará!

A partir daquele momento Anne ligou o seu pensamento mais diretamente à sua mãe, esperando levar até ela os problemas que ameaçavam a família e, em suas orações, dirigia-se a Deus, rogando que permitisse que ela os ajudasse.

Tantas vezes orou e rogou que suas preces, com seus pedidos, chegaram até onde Marta se encontrava, preocupando-a.

— Não sei exatamente o que está acontecendo no lar terreno de minha filha, mas há problemas, porque sinto que de lá chegam apelos até mim. – comentou Marta com uma companheira da atividade que exercia.

— Sempre os nossos queridos da Terra apelam para nós, imaginando que, por estarmos aqui, temos todos os poderes de auxiliá-los.

— Desde que seja permitido, nós o podemos. Preciso saber o que está acontecendo com a família dela e pedir autorização para fazer-lhes uma visita para auxiliá-los, dentro da minha capacidade de auxílio.

— Pois peça autorização. Fale com nosso Mentor que ele, com sua bondade e desejo de sempre auxiliar os que necessitam, a ouvirá e permitirá.

— É o que vou fazer!

Na manhã imediata, Marta pediu uma audiência com o Mentor e expôs-lhe os seus receios. Ele, depois de ouvi-la, pediu licença, ligou um aparelho que tinha sobre sua

O valor das experiências

mesa, e, por meios que não sabemos quais, nem nos seria possível explicá-los porque seria de difícil entendimento, teve, diante de seus olhos, em pouco tempo, algumas situações que esclareciam os receios da sua interlocutora.

Em seguida desligou o aparelho e disse-lhe:

— A nossa irmã não se enganou ao preocupar-se com a família de sua filha e sentiu os apelos que ela lhe dirigia, porque lá há uma situação assaz difícil que está gerando todo o transtorno, causa de sofrimentos e preocupações de todos.

— O que há lá, irmão? Não me deixe mais aflita do que já estou!

— Se ficar aflita não terá condições de auxiliar! Sempre que enfrentamos uma situação difícil, precisamos manter a serenidade para não perdermos a oportunidade do auxílio, diminuindo os problemas daqueles que precisam de nós.

— Tem razão, irmão, mas é impossível não me preocupar agora, diante do que falou.

— Não é nada que nosso auxílio não possa solucionar.

— De que se trata?

Resumidamente, porém com a clareza daqueles que sabem colocar as palavras, ele lhe narrou o que observara em relação aos netos Ricardo e Alexandre, mas muito mais em relação à Joana.

— É isso, então? A tranquilidade do lar de minha filha está ameaçada por causa dessa jovem inconsequente?

— Não é só isso, irmã!

— Há mais ainda?

— Sim! Por trás de toda essa situação, há uma outra de muita gravidade que é a razão maior do que está acontecendo. Não quero dizer com isso que os envolvidos estejam liberados de culpas, que cada um tem suas tendências, tem a própria vontade, o que é próprio do seu Espírito. E, justamente o que cada um traz de seu, em seus Espíritos, é que está sendo trabalhado para a destruição deles mesmos, redundando na destruição do lar.

— De que se trata?

— Na casa de sua filha há uma legião de entidades infelizes provocando problemas entre eles.

— Por que isso? São cobradores do passado que voltam?

— De certa forma, sim! Eles estão ligados diretamente à sua neta, com quem já trabalharam no mal em outras existências.

— Meu Deus! – exclamou Marta, interrompendo-o.

Ele, porém, depois de uma pausa, prosseguiu:

— Agora retornaram à procura dela para tornarem a trabalhar. E ela, que levou os mesmos dons para se redimir, trabalhando no bem, está sendo testada, mas não está resistindo ao passado e aquiesce ao que eles lhe propõem.

— Estou assustada, irmão! A situação é muito mais difícil e perigosa do que eu podia imaginar! O que poderemos fazer em favor deles?

— Não se esqueça de que também as entidades infelizes que lá se encontram, devem ser objeto do nosso auxílio, embora saibamos que elas têm fugido sempre de qualquer amparo que lhes chegue. São apegadas ao mal e regozijam-se com ele. Agora, então, que reencontraram a sua neta, com quem já muito trabalharam no mal, será mais difícil convencê-los a que aceitem uma modificação.

— O que faremos, então?

— Precisamos pensar, estabelecer um roteiro de tra-

O valor das experiências

balho para não perdermos tempo, nem oportunidades.
— Gostaria muito de estar lá para ajudá-los.
— Quando tivermos um plano bem delineado, com certeza, a irmã será incluída nele, porque, da ligação que já teve com seus familiares, será mais fácil o auxílio.
— Pelo visto, não irei só!
— De forma alguma! Jamais permitiríamos que fosse sozinha numa tarefa tão difícil e que se apresenta sob muitas facetas. Temos lá os encarnados envolvidos, seus dois netos e a esposa de um deles, mas temos também sua neta que se compraz em ajudar aquelas entidades que lá estão, utilizando seus dons de forma comprometedora. E, finalmente, temos as entidades que estimulam o mal, a desavença entre eles, tendo como instrumento fácil a esposa de seu neto, pelas próprias tendências que traz. É leviana e fútil. Nem ela mesma tem convicção do que deseja. Basta aparecer um interesse novo para que o velho seja desprezado como fez com seu outro neto e o faz com tudo em sua vida.
— Vejo que será um trabalho difícil, que nem sabemos se seremos bem sucedidos.
— Sempre temos que ter esperanças! Nunca devemos entrar num trabalho nos sentindo derrotados antes mesmo de começá-lo. Os bons pensamentos auxiliam porque têm uma força muito grande de ação no que desejamos conseguir. Assim também têm os pensamentos negativos que precisamos evitar.
— Tem razão, irmão! Agradeço as lições recebidas, mas espero que dê um direcionamento para o problema que lhe trouxe, muito maior do que eu supunha.
— Aguarde mais alguns poucos dias que vamos nos inteirar com mais abrangência de toda a situação, estabe-

lecer nossas metas, determinar os irmãos que devem realizar essa tarefa, e depois, esperar que sejam bem sucedidos. Um que consigamos retirar, daqueles infelizes que lá estão, já terá valido a pena.

— Mas há muito mais lá. Preocupo-me com meus netos!

— Todos serão auxiliados dentro do que nosso Pai nos permite realizar.

— Confio na sua sabedoria, na sua prudência, e, muito mais, no amor com que trata cada caso que lhe chega às mãos.

— Procuramos fazer o melhor dentro das nossas possibilidades. De hoje em diante, mantenha seu pensamento ligado à casa de sua filha, mas pensamentos de amor e esperança, para que possa ir auxiliando já, de alguma forma, os que lá se encontram em aflição.

— Quando imagina que poderemos partir? Pergunto porque disse que eu estaria incluída.

— Certamente o estará porque sua presença auxiliará bastante. Dê-me uns três ou quatro dias, depois será avisada.

Marta, agradecendo, e, mais esperançosa, retirou-se da presença do Mentor e passou a ter, conforme a recomendação que recebera, o pensamento ligado aos seus – na filha, em Augusto que também considerava seu próprio filho, e nos netos. Ah, como seus netos estavam necessitados de proteção e auxílio, para não se fazerem tão vulneráveis, um instrumento tão fácil nas mãos daquelas entidades que desejavam destruí-los.

Nada tinham contra eles, mas o trabalho que realizavam era interessante e se colocaram nele como quem se coloca num jogo e vai trabalhando as peças para retirá-las de um lugar e colocá-las em outro, ao gosto deles.

O valor das experiências

Para eles, os seres humanos que atingiam, nada mais eram que peças de um jogo, e, como quem se põe num jogo, o faz sempre para ganhar, eles esperavam ser vencedores.

XV

Missão importante

Os dias que o Mentor pedira que Marta aguardasse para que o plano de ação fosse bem formulado, haviam passado.
Foram convidados para estudar aquela situação, ligando-a com o passado de Ana Maria e de todos que ela atingira da família, naquela época, quatro irmãos abnegados, habituados àquelas missões na Terra, em auxílio aos que sofrem.
Depois de feitas todas as verificações e estudadas todas as possibilidades, um plano de ação foi traçado, e eles esperavam desse um resultado bastante satisfatório. Começariam o seu trabalho por aqueles infelizes que lá se encontravam, para que todo o ambiente fosse sanado, não só naquele momento mas para sempre, para liberá-los de compromissos, fazendo-os mudar de vida.
Não seria fácil modificar quem estava profundamen-

te arraigado a uma situação que perdurava há séculos, mas nada é impossível. Já haviam elaborado seu plano e esperavam obter bons resultados. Para isso, começariam pelo chefe.

Quando o chefe de uma organização qualquer, que tem uma forte ascendência sobre seus comandados, se deixa convencer e se retira do trabalho, os seus subalternos veem-se ao desamparo e acabam também por desistir.

E para eles, com quem agiriam de início, seria uma grande surpresa que os abalaria profundamente. Era a única esperança que tinham de ser bem sucedidos. Se não desse certo, ficariam sem ação e teriam que fazer novos planos.

Se tudo estava preparado quanto ao que realizariam, faltava apenas se reunirem, pedir as bênçãos do Pai para a missão que trariam e partir.

O grupo se comporia de cinco irmãos bem intencionados e empenhados em auxiliar – Marta e os quatro companheiros designados pelo Mentor.

Determinado ficou que essa reunião se daria no fim do dia posterior e que logo após partiriam. Chegariam a altas horas da noite e poderiam já iniciar algumas investigações para começarem, a seguir, a ação que pretendiam.

Os quatro se aplicariam intensamente, deixando Marta mais liberada para estar com os familiares, trabalhar-lhes a mente, tentando nulificar o que aquelas entidades transmitiam, e o trabalho seria grande.

De início não se mostrariam.

Quando chegaram, todos dormiam e eles puderam presenciar uma situação que assustou Marta.

Sua neta, Ana Maria, em Espírito, confabulava com algumas daquelas entidades que estagiavam na casa, e eles, ainda sem se deixarem ver, meio à distância, pude-

O valor das experiências

ram ouvir claramente o que diziam:

— Falta muito pouco! – disse um deles.

— Nada vejo que dê andamento ao que nos propusemos! – respondeu Ana Maria.

— Estamos trabalhando ativamente e logo a solicitaremos. Preparamos uma situação que será definitiva. Faremos com que Alexandre, por uma artimanha que prepararemos, visite o irmão, que não se encontrará em casa no momento, afastado por nós mesmos, enquanto agiremos sobre Joana. Não haverá necessidade de que essa ação seja muito intensa porque ela já tem o pensamento todo tomado por ele. Vendo-o chegar, sem saber o porquê, imaginará que será por sua causa, e, como Ricardo não estará em casa, ela se declarará a ele. Dirá que está arrependida do que fez, porque é ele que ama realmente. Alexandre, impelido, também, por nós, pois embora tenha se esforçado ainda a ama, não resistirá e aceitará o seu carinho. Nesse momento faremos Ricardo entrar e surpreender os dois abraçados. Não precisará de mais nada. É para esse momento que reservamos a sua ajuda. Depois, como já sabemos como Alexandre é, mesmo que Ricardo se separe da esposa, levando-a de volta ao pai, ele não a quererá. Os dois irmãos nunca mais se reconciliarão, não terão condições nem de continuar a trabalhar juntos, e todos estarão destruídos. Cada um por seu lado, sozinhos, infelizes e com muito ódio um do outro. Esse será o coroamento de todo o nosso trabalho. Será como nos velhos tempos. Depois deste, outros ainda mais complicados virão e poderemos começar até a receber pessoas para atender seus pedidos. Pessoas que nós mesmos encaminharemos.

— Vocês estão ficando loucos! – exclamou Ana Maria. – Como poderei auxiliá-los num trabalho desses, aqui em casa?

— Temos os nossos planos! Você não ficará sempre aqui. Logo traremos alguém que se interessará por você e a quem também amará. Só assim, depois de se casar e ter a sua própria casa, faremos o que desejarmos sem precisar dar satisfações a ninguém.

Marta estava espantada. Nunca imaginou que a neta fosse ligada a uma espiritualidade tão infeliz, e o que era pior, estava entre eles de bom grado, aquiescendo a tudo o que falavam, revelando que possuía um Espírito comprometido com eles. Que se sentia bem naquela condição e que mais se comprometeria se não a ajudassem, mas temiam que ela não aceitasse a ajuda.

Se Anne e Augusto soubessem a filha que possuíam, quem ali estava no lar deles, como filha, certamente se assustariam e até a repeliriam, principalmente Augusto que já sofrera em suas mãos, em outra existência, e agora se comprometera a ajudá-la.

Agora, através do esquecimento que a reencarnação facilita, conviviam bem. Haviam se preparado para aquela existência, mas, pelas possibilidades que ela trouxera, e com a aproximação daquelas entidades, tudo estava se modificando.

Terminada a conversa, o que trouxera a incumbência de liderar a missão naquele lar, comentou:

— Vejam como é grave a situação que está se formando nesta casa! Ouviram bem o que pretendem, mas, graças a permissão do Pai, chegamos a tempo. Nada do que esperam acontecerá. Nós agiremos com eficiência e sem muita espera, porque não podemos perder tempo. Logo o dia amanhecerá, mas, antes disso, faremos uma visita à casa de seu outro neto, Ricardo. Quem sabe apuraremos

O valor das experiências

alguma coisa.

Marta os acompanharia, queria ver o neto e a jovem com quem se casara, sondar os seus pensamentos e avaliar os reais sentimentos que ela abrigava em seu coração.

Em pouco tempo chegavam. O casal dormia profundamente, mas a casa não estava liberada daquelas entidades que tomavam conta deles também, sobretudo de Joana que pretendiam, seria o pivô de toda a trama que preparavam para destruí-los.

Quase à hora de se levantarem para as obrigações do dia, eles despertaram. Ricardo Espírito chegou antes. Logo depois chegou Joana, demonstrando que não haviam estado no mesmo lugar.

Uma daquelas entidades chegara com ela, e, com certeza, estiveram juntas. Como não perdiam tempo, durante o período de repouso devem ter aproveitado para infundir-lhe novas ideias, levar-lhe esperanças, porque Joana despertou sentindo-se bem.

Marta e seus companheiros observavam, compreendendo o que deveria ter se passado.

De tudo o que observavam iam juntando os pontos e tudo se encaminhava para um desfecho apoteótico.

O que tinha o comando daquela tarefa socorrista, Samuel, achou que deviam retirar-se e começar, em seguida, na casa de Ana Maria, o que haviam trazido como missão.

Quando retornaram, todos já estavam em pé, e as atividades rotineiras do dia estavam em pleno desenvolvimento, que numa casa de família as há muitas, se a senhora do lar é ciosa das suas obrigações e responsabilidades com a família que formou.

Augusto e Alexandre já haviam se retirado, e na casa

permaneceram Anne e a filha.

Ana Maria não fora habituada às obrigações domésticas que não tinham necessidade de seu serviço. A direção de tudo ficava a cargo de Anne, e o dia da jovem era aborrecido. Nada fazia, por nada se interessava.

Por isso aquelas entidades ocupavam-lhe a mente e dirigiam-na conforme desejavam, falando com ela quase que o tempo todo. Quando não era uma era outra, e todos lhe levavam muitas novidades sempre, como se aquela atividade constituísse, para eles, um afazer prazeroso.

O que era chefe, o que estivera no uso da palavra contando a Ana Maria o que pretendiam realizar, estava em casa, junto dos outros, dando-lhes orientações e dividindo tarefas.

Ainda nenhum deles havia visto o pequeno grupo que chegara em auxílio. – A condição espiritual deles não permitia. Porém, se quisessem se mostrar, se quisessem ser vistos, tinham recursos para isso, mas só os utilizariam no momento certo, para não assustá-los, fazendo com que se retirassem temporariamente, para depois retornarem e continuarem o que pretendiam.

Usando dessa possibilidade com inteligência, lhes seria muito útil e poderiam conseguir bastante.

Conforme dissemos, eles se ocupariam em primeiro lugar do chefe, e, se fossem bem sucedidos, não precisariam fazer mais nada, porque os outros, desarvorados, sem rumo e sem chefia, retirar-se-iam também.

Prudente, Samuel procurou o chefe do bando num momento que sentiu, era propício, e apresentou-se a ele.

— Sozinho, companheiro? – perguntou, vendo-o mais afastado dos demais.

— Quem é você?

— Um amigo!

O valor das experiências

— Não tenho amigos desconhecidos!
— Pois você pode não acreditar mas sou seu amigo!
— Não o conheço e não me amole!
— Queria apenas uma informação.
— Pois que fale logo e deixe-me em paz!
— Procuro uma entidade para auxiliar uma jovem que tem sofrido muito, procurando por toda a parte aquele que foi o seu grande amor um dia, mas depois se distanciaram de tal forma que ela não o encontrou mais.
— E o que eu tenho a ver com essa história?
— Tenho procurado bastante e perguntado a todos que encontro. Fiquei penalizado com o sofrimento dela. É uma jovem muito bela, que tinha nesse amor a sua razão de viver. Eram casados e tinham uma filhinha que eles adoravam.

Nesse ponto da narrativa ele levantou os olhos e ficou observando Samuel à sua frente, parecendo interessado na história. – Seria possível? Ele também amara muito uma jovem e também tivera uma filhinha que era a sua razão de viver.

Atento, ele ficou olhando como que a indagar o que havia acontecido com elas, mas não queria revelar nenhum sentimento mais terno que pudesse abrigar em seu coração e ficou esperando.

Samuel, astuto, observava, e tinha também, todo o seu panorama interior, e já percebera que ele estava se modificando, que suas palavras o haviam atingido.

Com vagar para observar as suas mais veladas reações, ele prosseguiu:
— Pois é isso, companheiro! Era uma família muito feliz, todos se amavam muito.

Nesse ponto, a entidade infeliz não se conteve e indagou:
— E o que aconteceu depois?

Wanda A. Canutti pelo espírito Eça de Queirós

— Uma fatalidade! Certa vez a menina estava brincando diante de sua casa enquanto a mãe se ocupava das obrigações domésticas e passou por lá um malfeitor, o que nunca havia acontecido antes, e levou a sua filha.
Nesse momento ele deu um grito dizendo:
— Não quero ouvir mais nada!
— Mas eu preciso terminar a minha história!
— Eu sei o final da sua história e não quero ouvi-lo nem lembrar-me dele.
— Como sabe? Será você quem procuro tanto? Se for você, tenho a lhe dizer que aquela sua filhinha que foi encontrada dias após, depois de tanto desespero dos pais, morta de forma cruel, hoje está diferente. É uma bela menina, feliz porque está junto da mãe, mas procura o pai. Por isso a mãe dela procura desesperadamente aquele pai que se revoltou tanto e saiu pelo mundo para ver se encontrava o malfeitor para matá-lo e nunca mais voltou.
— Como poderia voltar? Andei muito, perguntei para muita gente, fui de cidade em cidade e nunca o encontrei. Por isso revoltei-me contra Deus que permitiu aquela atrocidade contra minha filhinha querida e pratico, também, só maldades. Só me sinto bem praticando maldades.
— Veja, irmão, o que fez? A sua esposa que já havia perdido a filha e precisava do seu amparo, perdeu-o também. Hoje que ela está com a filha e poderiam ser felizes, não o são, porque não o têm junto delas.
— O senhor sabia que era eu?
— Sim, querido irmão! Vim para ajudá-lo não só a reencontrar os seus, deixando-os felizes, mas para retirá-lo desta vida tão desventurada que vem vivendo há séculos.
— Encontro-me muito mergulhado no mal e nada há

O valor das experiências

de bom para mim.

— Pois prometo-lhe que muita coisa boa o espera, inclusive sua esposa daquela época, com sua filhinha. Se quiser, eu mesmo o encaminharei até elas. Quero levar-lhes também um pouco de felicidade.

— Preciso pensar!

— Pode pensar, mas não pode perder uma oportunidade destas para reencontrá-las e deixar o mal que pratica. Outra pode não acontecer!

Samuel compreendeu a hesitação daquela entidade. Afinal, há quantos séculos estava naquela vida infeliz! Era natural que precisasse pensar.

O importante era que havia conseguido abalar os seus sentimentos mais escondidos e reprimidos e trazê-los à tona para permitir uma reflexão.

Em nenhum momento ele o chamara de impostor nem o maltratara com palavras agressivas nem de descrédito. Pelo contrário, ouviu a narrativa calado e foi deixando seu coração enternecer-se com a lembrança da filha e da esposa, ambas preocupadas consigo.

O terreno já fora plantado e as sementes germinariam num tempo muito mais curto do que se poderia imaginar. Assim pensava Samuel. Fora feliz na sua narrativa e logo colheria os frutos das sementes que plantara.

Depois do pedido da entidade, dizendo que iria pensar, Samuel tornou com a palavra, dizendo-lhe:

— Tem esse direito e eu aguardarei, mas não poderei esperar muito tempo porque tenho meus afazeres. Decida-se logo. Acredito que entre o bem e o mal, entre uma vida feliz ou desgraçada, como é a sua, não há muito que pensar. As oportunidades têm que ser aproveitadas, porque nem sempre estão à nossa disposição. Se a perdermos, poderemos nos arrepender, aí o nosso sofrimento será maior. Pense na sua filhinha que está linda! Na sua esposa que não terá paz enquanto não o encontrar, e decida-se a seu favor, a favor da sua felicidade, da sua regeneração.

— Preciso reunir-me com meus asseclas. Não posso abandoná-los assim, sem me explicar.

— Faça como desejar, mas não demore.

— Como farei para encontrá-lo?

— Estarei por aqui e o esperarei até esta noite. Reuna-se com seus companheiros conforme deseja, que, pela madrugada, estarei esperando-o aqui neste mesmo lugar. Tenho a certeza de que você não irá decepcionar-me, nem decepcionar aquelas que o esperam tanto. Por isso já irei providenciar o necessário para levá-lo. Quando se reunir com seus companheiros, ofereça-lhes também a oportunidade de desistirem dessa vida de maldade, e, se quiserem, podem acompanhá-lo que teremos para eles também, um lugar agradável e cheio de oportunidades de regeneração. Convença-os, e, quanto mais conseguir arrebanhar, melhor será para si mesmo que terá retirado do mal, companheiros com os quais se comprometeu por tudo o que realizaram em obediência às suas ordens.

— Eu farei isso!

Samuel retirou-se e ele ainda ficou pensando em tudo o que conversaram, refletindo em cada palavra, pensando muito na possibilidade de ver a filha, retirando completamente da sua memória aquela que encontrou dilacerada há tanto tempo atrás.

Praticamente a sua decisão já estava tomada e era só marcar a reunião com seus asseclas, expor o que decidira e oferecer-lhes também a mesma oportunidade.

Samuel estaria presente a tal reunião de forma invi-

O valor das experiências

sível aos olhos deles, e assim também estariam seus companheiros. Seria mais uma lição que levariam consigo, e todos deveriam assistir.

Ninguém é totalmente mau. Muitas vezes as circunstâncias adversas fazem com que as pessoas se tornem más, pratiquem atrocidades, sejam impiedosas e desumanas, por alguma revolta que trazem, por alguma incompreensão, pela não aceitação do que lhes aconteceu.

Porém, é só saber lidar com tal situação, ter as palavras certas na hora certa, as que lhes toquem o coração, fazendo sublevar o que têm de bom dentro de si, – que todos o têm – e teremos ganho um filho desgarrado do bem, ora perdido, que retorna ao bom caminho.

Quando isso acontece, o regozijo daqueles que conseguiram retirá-lo do mal é muito grande, e o do Pai, maior ainda, porque tem novamente ao seu aprisco uma ovelha que estava perdida e foi reencontrada.

É o que acontecia com aquele irmão apegado ao mal. A oportunidade lhe foi oferecida e ele, com certeza, a aceitaria.

Samuel tomou outras providências durante aquele dia, mas sempre atento ao que aquele irmão infeliz faria. Muito tempo ele permaneceu na mesma posição e no mesmo lugar em que fora encontrado, mas depois, levantando-se decidido, procurou seus companheiros, dizendo-lhe:

— À entrada da noite quero todos para uma reunião.

— Há novos planos? Mudanças de estratégias? Distribuição de tarefas? – indagou um mais ansioso.

Sem responder ele pediu:

— Avise a todos que ninguém deve faltar.

Recolheu-se novamente a um canto, enquanto seus

asseclas ficaram comentando, imaginando o que ele teria para transmitir-lhes.

— Deve ser muito importante! Há muito tempo não temos reunião como a que convocou. Sempre distribuía as tarefas a cada um diretamente.

Passadas as horas, ao fim da tarde, estando todos avisados, mesmo os que agiam em outros locais como no escritório e na casa de Ricardo, começaram a chegar.

Um burburinho ouvido somente entre eles e os que não possuíam mais a barreira do corpo físico, começou a ser percebido.

A ansiedade envolvia a todos.

Quem trabalha nesse tipo de trabalho, quem se encontra no estágio evolutivo em que eles estavam, a busca de novidades gera sempre expectativas.

Eles enjoam de realizar um mesmo trabalho por muito tempo e querem novidades. Por isso a ansiedade entre eles era grande. A palavra do chefe era importante e sempre obedecida sem contestação. Só que, para aquela reunião, por mais pensassem, imaginando o que seria, nunca chegariam à verdade do que aconteceria ali.

Samuel e seus companheiros estavam atentos, assim como Marta. Daquela reunião dependeria em grande parte a paz de seus familiares.

Quando todos estavam reunidos, o chefe foi avisado, e, em poucos minutos, estava diante de todos.

A sua fisionomia era outra.

— O que teria de tão grave para dizer-lhes, que trazia o cenho carregado como o de quem pensava muito?

Antes, quando se reuniam, se ele não estivesse nervoso chamando-lhes a atenção por não terem ainda obtido os resultados que desejava, mostrava-se alegre, trazendo

O valor das experiências

novos planos e novos direcionamentos.
    Naquela oportunidade, porém, estava diferente. Nunca o haviam visto daquele jeito.
    Um dos companheiros, atrevendo-se a uma pergunta, falou-lhe:
    — Vejo-o preocupado, chefe! O que aconteceu? O que tem a nos dizer de tão importante?
    Em outra ocasião já lhe responderia à altura, repreendendo-o pela ousadia, mas, naquela tarde, foi como se nada tivesse ouvido, deixando o outro desapontado.
    Logo ele tomou da palavra dizendo-lhes:
    — Uma questão de capital importância para este nosso grupo trago-lhes hoje. O que tenho a lhes dizer é sério e resultado de muita reflexão, e eu não posso ficar indiferente ao que meu coração me pede.
    Um deles, sem muito pensar, e estranhando as suas palavras, exclamou:
    — Coração! Desde quando ouvimos o coração, se já o temos empedernido?
    Sem dar atenção ele prosseguiu, demonstrando, mais uma vez, que estava acima de todos os comentários que faziam.
    — Pois repito! Ouvi meu coração diante de uma proposta que me foi feita e parto ao encontro dos meus!
    — Parte!? E nós, o que faremos? Tem coragem de nos deixar, nós que lhe fomos fiéis por todo esse tempo, e agora nos abandona?
    — A mesma oportunidade que me foi oferecida, o foi para todos vocês também. Não serão mais obrigados a ficar aqui. Estão todos liberados e, os que quiserem acompanhar-me, o poderão. Não estaremos mais nesta casa, mas poderemos estar juntos em outro lugar, com outros

propósitos, junto dos entes que nos amam e que um dia amamos também.

— Quantas oportunidades tivemos de nos retirar desta vida e sempre recusamos! O que aconteceu agora?

— O que houve diz respeito somente a mim e ao meu coração que ressurgiu de todo esse lamaçal em que estava mergulhado, e não é mais nenhuma pedra insensível mas tem sentimento e me leva junto dos meus.

Ninguém mais fez nenhum comentário. Viram que de nada adiantaria, e ele, o chefe, ainda lhes falou:

— Têm um tempo para pensar e decidir se me acompanham. Os que assim desejarem, procurem-me a seguir. Os outros que não aceitarem, vivam por si mesmos e procurem outro trabalho.

Nisso um deles indagou:

— E a menina Ana Maria que confia em nós, o que fará sozinha?

— O que fizer será por conta dela. Nós a liberaremos a partir de hoje.

Marta, ouvindo o que falavam de sua neta, não podia acreditar que ela, como encarnada, era também um deles e, com esse pensamento, tremeu.

Ela também precisava de auxílio.

Tendo dada por encerrada a reunião, o chefe retirou-se para o mesmo canto onde passara o dia, deixando a todos desarvorados. Uma grande algazarra formou-se entre eles, porque havia dois lados – os que desejavam acompanhá-lo e os que desejavam permanecer.

Nisso um deles, do grupo que desejava ficar, adiantou-se, pediu licença aos outros e disse:

— Se estamos sem chefe, eu serei o chefe de agora

O valor das experiências

em diante e nunca os abandonarei, como desejo que não me abandonem!

Surpresos, os outros olharam para ele, indecisos, mas, naquele momento, achando que deveria interferir, Samuel aproximou-se, deixando-se ver, assustando a todos, e disse-lhes:

— De hoje em diante ninguém mais permanecerá nesta casa. A chefia que este irmão lhes oferece será nulificada por nós. Se não desejarem acompanhar o que os chefiou e que tomou a melhor decisão, podem retirar-se. Os que desejarem o auxílio que oferecemos a ele, será oferecido também a vocês que recomeçarão uma nova vida. Ninguém permanece eternamente na condição em que estão. Se não forem hoje, irão outro dia, por isso, não retardem ainda mais o momento de ser feliz.

Antes que ele terminasse, com receio de serem envolvidos pelas suas palavras, alguns começaram a se retirar, enquanto outros ficaram e aceitaram a oferta.

Se formos estabelecer um paralelo entre os que foram e os que permaneceram, diremos que o grupo foi dividido em duas partes mais ou menos iguais.

Para a metade que ficou, Samuel continuou dizendo palavras de incentivo e esperança num porvir frutífero de acontecimentos benfazejos.

Primeiro, todos deveriam passar por um período de tratamento para que pudessem modificar totalmente o tônus em que haviam se mantido por tanto tempo. Somente depois desse período é que teriam o completo reequilíbrio de todas as suas potencialidades, começando um período de possibilidades infindas, conforme a aplicação, interesse e dedicação de cada um.

Alguns sorriam intimamente mas deixavam transparecer uma fisionomia de paz e esperança no porvir.

Depois de algum tempo em que ouviam palavras de esperança e conforto, a uma pausa que Samuel fez, um deles pediu licença para manifestar-se.

Obtendo a aquiescência de Samuel, ele assim se expressou:

— Posso falar por mim, pelo que estou sentindo, mas tenho a certeza de que esse sentimento que me envolve é o mesmo que envolve a todos, tão sintonizados estávamos sempre na prática do mal. Com certeza, essa sintonia agora continua com os novos objetivos e eu posso falar em nome de todos. Estamos muito felizes. Não é fácil para nós uma mudança tão radical, mas confiamos no que nos prometeu e confiamos em nós mesmos. Se tivemos a capacidade de trabalhar no mal, a teremos também de nos modificarmos. Portanto, diante do que nos aguarda, estamos felizes, entretanto, uma questão de grande importância preocupa-me e gostaria de um esclarecimento.

— Pois fale, irmão! O que estiver ao meu alcance esclarecê-los eu o farei.

— Se esse Deus em nome do qual nos fala é todo justiça, como já ouvimos dizer em outras eras, antes que a revolta tivesse transformado a nossa vida e O tivéssemos tirado do nosso coração completamente, sabemos que, pelo mal que ocasionamos, não podemos ser tão bem recebidos sem que nada de mal nos aconteça. Fale-nos, pois, o que acontecerá conosco?

— Esse Deus que vocês temporariamente desprezaram e do qual se afastaram praticando atos indignos de si mesmos como criação d'Ele, regozija-se com cada filho Seu que estava perdido e reencontra o caminho de volta. Pois é esse caminho que lhes oferecemos porque ninguém per-

O valor das experiências

manece desgarrado do seu rebanho para sempre. Por ora pense apenas nisso. Na alegria do Pai em tê-los de volta e, depois, quando estiverem bem, quando reintegrados no Seu aprisco, existem muitas formas de resgatar débitos. Assim como todos os encarnados têm a obrigação e o dever de saldar os compromissos assumidos com os que lhes fornecem os meios de sobrevivência, todos nós também temos que saldar os nossos pelo mal que fizemos, e com vocês não será diferente. Mas nada acontece antes da hora. Ninguém salda compromissos se não estiver preparado para isso. Assim como entre os encarnados, os débitos são quitados quando eles têm meios para fazê-lo. Tudo transcorrerá com naturalidade, e muitos há que tão preocupados ficam com o que fizeram, quando o entendimento lhes toca o coração, que pedem para saldá-los o mais rápido possível. Entretanto, peço-lhes que confiem. Hoje é um marco importante na vida de todos vocês, porque novas portas estão se abrindo para que comecem uma nova vida. Não tenham preocupações que possam prejudicá-los na decisão que tomaram. Pensem que quanto antes se retirarem dessa vida será melhor, porque ninguém permanece como está eternamente. Mais dia, menos dia terão que fazê-lo e em condições piores. Por isso não percam tempo! Aproveitem esta oportunidade que estamos lhes dando e entreguem o futuro a Deus. Ele sabe o momento certo de cada folha cair de uma árvore, de uma flor nascer, dos grãos amadurecerem, e cuida de vocês também como Seus filhos muito amados.

    Depois destas palavras, qualquer receio que pudesse estar impedindo que partissem esperançosos, desfez-se completamente, e aquele mesmo que pedira a palavra, tornou dizendo:

— Estamos prontos! Pode levar-nos quando desejar.

— Esta sua decisão alegra-nos sobremaneira porque é nosso objetivo retirar do mal quantos mais pudermos. Ninguém se arrependerá da decisão que tomou. Pelo contrário, arrepender-se-ão de não tê-la tomado antes, quando outras oportunidades lhes foram oferecidas. Fiquem tranquilos, em paz, que logo mais estarão aqui, irmãos de boa vontade que os levarão.

— Não será o senhor?

— Ainda tenho uma tarefa importante para realizar nesta casa.

— Já sei o que é! Desfazer o mal que fizemos.

— É bastante inteligente! Não só esse será o nosso trabalho mas precisamos cuidar com muito carinho da nossa irmãzinha Ana Maria. Se vocês se renderam à nossa oferta de amor, tentaremos persuadi-la também, fazendo com que utilize as suas possibilidades para o bem.

Samuel pediu a um dos seus companheiros que ficasse com aqueles que se rendiam e recolheu-se, juntamente com os outros, para, através de uma prece, agradecer o sucesso obtido, e pedir auxílio para que eles fossem levados.

Tão ardentemente pediram, tão felizes estavam com o que haviam conseguido, que, em pouco tempo, três irmãos abnegados apresentaram-se.

Depois de conversarem com eles e organizarem a forma de levá-los, todos partiram.

XVI

A outra parte

Uma parte da tarefa estava cumprida. O que era chefe e se rendera em primeiro lugar, fez questão de despedir-se pessoalmente de Samuel, agradecendo-o. Ele levava os louros de ter aceito a oferta, mas levava-os ainda mais por ter falado a seus companheiros, que, pelo seu exemplo, também desistiram da vida que levavam. As últimas palavras que disse a Samuel foram:

— Ainda quero tornar a encontrar-me com o senhor para que veja o quanto estarei modificado. E isso eu lhe devo.

— Vá na paz que Deus concede a todos os Seus filhos de boa vontade e faça o melhor, que nunca se arrependerá.

Depois, dirigindo-se a todos, Samuel pediu a Deus que os abençoasse.

Quando deixaram a casa, levados a um local ainda neste plano para que a partida fosse efetivamente organizada como deveria ser, com mais companheiros que auxiliariam, os que permaneceram no lar de Augusto e Anne, felizes, agradeceram a Deus mais uma vez e pediam forças e inspiração para o que ainda lhes faltava realizar.

Na verdade, agora é que começaria a outra parte mais diretamente com cada um deles. Mas, com as mentes liberadas de influências maléficas, o trabalho não seria tão difícil, assim esperavam. O que restava era próprio de cada um com seus sentimentos, com sua vontade, com suas imperfeições.

— Qual a primeira medida a tomar? – indagou Marta, depois da reunião de agradecimento que fizeram.

— Durante o resto desta noite, nada faremos além de observar. Acompanharemos cada um, quando se desprenderem pelo sono físico, para avaliar como se portarão, sem falar com ninguém.

— Gostaria de ter um encontro com minha filha! – manifestou-se Marta.

— Pois pode tê-lo! Leve-lhe a informação de que aqui estamos em trabalho. Conte-lhe o que encontramos nesta casa e o que conseguimos, para que ela se tranquilize, e fale-lhe sobre o que ainda esperamos alcançar. Nada diga a respeito de Ana Maria para não preocupá-la. Quando o nosso trabalho estiver completo e conseguirmos o que desejamos com a jovem, ela poderá estar a par para ajudá-la. Por enquanto é melhor que nada saiba para não se preocupar ainda mais.

— Está bem! Farei conforme me recomendam!

Divididas as tarefas, dois deles foram para a casa de Ricardo esperá-los – tanto ele quanto Joana, para terem o panorama de como estavam a fim de saberem como agir.

Quando todos se deitaram, Marta ficou à espera de Anne, próxima à porta do seu quarto.

O valor das experiências

Depois de algum tempo ela apareceu, sozinha, e Marta aproximou-se, surpreendendo-a.

— A senhora aqui, mamãe? Que alegria! – assim exclamando, correu a abraçá-la. – Tenho pensado muito na senhora. A minha família parece que está desmoronando.

— Aqui estamos justamente para auxiliar. Ouvi seus rogos e tive permissão para vir, trazendo alguns companheiros e estamos trabalhando. O líder do nosso grupo já conseguiu retirar daqui muitas entidades que estavam perturbando a mente de cada um, promovendo a desunião entre Ricardo e Alexandre, tendo como pivô Joana. Agora esperamos que tudo melhore.

— Não temos mais paz, sempre preocupados com o que pode acontecer. A entrada de Joana em nossa família foi um desastre.

— Nada acontece ao acaso! Se Joana está entre vocês é porque era ela que deveria estar. Tudo nesta vida são testes pelos quais devemos passar e ela está sendo um teste para seus filhos. Felizmente Alexandre tem se mantido íntegro e ela nada conseguiu com ele. Nós ajudaremos e faremos com que ela passe a amar e respeitar Ricardo como seu marido. Estamos aqui para ajudá-los e só partiremos quando conseguirmos deixar o seu lar e o de Ricardo em paz. Esqueça essas preocupações e venha comigo. Vamos visitar seu pai que está também precisando de mim.

— Queria tanto trazê-lo comigo mas ele não quer sair de lá nem para ficar aqui, nem para ficar com meus irmãos.

— Sei disso, filha! Quero transmitir-lhe força para ele suportar o que ainda precisa passar pois, em pouco tempo, também virá para junto de mim.

As duas partiram para a antiga casa de Marta. O seu marido dormia mas ela esperou que ele retornasse para lhe falar. Anne achou que aquele momento deveria ser só deles, e despediu-se da mãe dizendo que voltaria para sua casa.

Quando o dia colocava as suas primeiras claridades, eles se reuniram novamente, revelando cada um o que havia observado.

Em nenhum momento os Espíritos de Ricardo e Joana estiveram juntos. Cada um por seu lado procurou recantos diferentes.

Joana foi vista nas imediações da casa de Alexandre, talvez, na esperança de vê-lo e até de falar-lhe, mas nada aconteceu. Naquele momento ele já estava longe, procurando refazer suas energias junto da Natureza, pródiga em benefícios para aqueles que sabem aproveitá-la.

Afora isso nada houve de anormal.

Ana Maria parecia um tanto perdida. Em nenhum momento pôde avistar nenhuma daquelas entidades que povoavam a casa e estava curiosa. Onde estariam? O que fariam de tão importante?

Com esses dados e a observação de cada um em suas atividades durante o dia, assim como a sondagem dos seus pensamentos, teriam os elementos de que precisariam para começar a agir.

Não poderiam perder muito tempo. Quanto antes resolvessem aquela situação, mais liberados estariam para atender outros casos, conforme faziam sempre. A prática que demonstravam na realização desse trabalho, era resultado das experiências adquiridas e bem sucedidas em todos os casos aos quais se dedicavam.

Durante o dia muito pouco puderam perceber, apenas que Ana Maria estranhava o silêncio das vozes.

Assim que a noite começou a estender suas sombras sobre toda a natureza, os que trabalhavam fora começaram

O valor das experiências

a retornar ao lar e a família se reunia. Logo após o jantar e uma pequena reunião familiar para que cada um haurisse do outro as energias tão salutares que se formam quando há entendimento mútuo, o repouso se faria.

Pois era esse que esperavam. Samuel, designando dois companheiros para a casa de Ricardo para um começo de trabalho, outro para Alexandre, disse que ele próprio se ocuparia de Ana Maria.

Assim distribuídos, cada um tomou seu posto e, à hora em que se deitaram, eles mesmos auxiliaram para que todos ficassem logo envolvidos pelo sono, desprendendo seus Espíritos, que era com eles que trabalhariam enquanto seus corpos cansados refaziam suas energias.

Quando Ana Maria Espírito desprendeu-se do corpo, Samuel acompanhou-a sem ainda se apresentar, mas ouvia-a murmurar:

— Quero ver o que está acontecendo! Onde se encontram aqueles que me falavam e que eu ajudava na consecução de nossos objetivos?

Ouvindo isso ele apresentou-se diante dela, surpreendendo-a:

— Não o conheço! – exclamou ela.

— Mas nós a conhecemos, menina! Temos estado aqui em sua casa e posso responder à sua indagação.

— Que indagação? Não lhe perguntei nada.

— Mas sei o que deseja saber e é justamente sobre aqueles de quem está sentindo falta que vamos conversar.

— Como sabe?

— Isto não importa agora! Vejo que procura seus companheiros, aqueles que lhe falavam, aqueles a quem obedecia e até lhes dava sugestões sobre quem fariam recair seu mal.

— Vejo que está muito bem informado!

— Sim, sabemos tudo o que se passava nesta casa, o que pretendia realizar, o que já haviam conseguido. Mas, de agora em diante, nada mais conseguirão.
 — Por isso não encontro aqueles com quem trabalhava! O senhor os expulsou desta casa?
 — De forma alguma! Jamais expulsaria ninguém de lugar nenhum, porque, se o fizéssemos, seria como espantar a poeira com o vento. Assim que ele passa ela assenta novamente. O nosso trabalho é muito mais profundo e eficaz e não tem a fragilidade de uma aragem. O que fazemos é definitivo.
 — O que fizeram, então?
 — Conversamos com eles e lhes oferecemos o melhor que podíamos para retirá-los dessa vida de maldades, e eles aceitaram.
 — Todos aceitaram?
 — Grande parte deles, mas conseguimos retirar o chefe dessa atividade de tanto tempo, e isso, para nós, foi uma grande vitória. Os outros que não aceitaram o nosso auxílio, sentiram-se desavorados e retiraram-se por si mesmos. Não os expulsamos. Devem estar em outras paragens e não voltarão.
 — Não consigo acreditar que isso seja verdade!
 — Pois é! Mas não é deles que vamos falar agora e sim de você!
 — De mim? O que quer comigo?
 — Assim como conseguimos retirar do mal grande parte deles, queremos retirá-la também. Veja o lar onde nasceu, a família que tem e que a ama, os cuidados que tem para com você, no entanto, o que tem feito?
 — Há momentos em que sinto um ódio deles todos, de meu pai principalmente e depois de meus irmãos. Só

O valor das experiências

não incluo nesse sentimento a minha mãe.

— Pois é em nome dela que apelo para que desista do que faz. Ela tem sofrido com o que vem acontecendo na sua família. A insegurança que sente do que ainda pode acontecer a faz ficar intranquila. Deus lhe deu determinados dons, justamente esses que a tem possibilitado ouvir as vozes, e colocou uma sensibilidade maior em seu Espírito, mas não para que os utilizasse para o mal. Deus não nos dá elementos para que trabalhemos em prejuízo de Seus outros filhos, como tem acontecido com você. Posso afirmar-lhe que você já possuiu esses dons e fez muito mal justamente para seu pai e seus irmãos, e até para sua mãe, de quem se utilizava para trabalhar com todos aqueles que se encontravam nesta casa. Agora eles concordaram em recebê-la como filha para ajudá-la a redimir-se. E o que tem feito você? Prejudica-os novamente, assumindo mais compromissos. Não foi para isso que Deus a dotou com essas possibilidades. Ele o fez justamente para que você começasse a saldar seus débitos com os seus, amando-os, auxiliando-os e auxiliando quem pudesse necessitar de você, com amor e dedicação.

Ana Maria ouviu as palavras de Samuel, a princípio olhando para ele, mas, à medida que prosseguia, ela foi abaixando a cabeça, o que teve para ele um significado promissor.

Estaria ela se conscientizando do mal que praticava e se sentia envergonhada?

Depois que ele terminou ela ergueu a cabeça e indagou:

— Então já fiz mal aos meus e retorno levando-lhes novamente o mal, eles que me recebem com amor?

— É justamente o que estou tentando fazê-la ver!

— Bem que eles me disseram que já havíamos trabalhado juntos, e agora que viam em mim as mesmas possibilidades, voltavam para retomarmos o nosso trabalho.

— Agora não estão mais aqui e você está liberada da imposição que lhe faziam, conquanto o que lhe propunham não a obrigava a atendê-los. Se tivesse se mantido firme nos seus propósitos no bem, e não os atendesse, eles se cansariam e teriam ido embora. Eles tentaram e você cedeu.

— Sei que errei, sobretudo se é como diz que já ofendi os meus e ainda me receberam para me auxiliar.

— Sempre é tempo de reconhecermos os nossos erros e nos modificarmos.

— Entretanto eu pergunto, o que farei com essa possibilidade que o senhor me disse, Deus me concedeu para o bem?

— Conforme a nossa atitude, os nossos pensamentos e a nossa vontade, são as companhias que atraímos para junto de nós. Se quiser saber como trabalhar para o bem, mantenha-se num posicionamento que possa atrair entidades interessadas em auxiliar seus irmãos encarnados que sofrem, diminuindo-lhes a dor, levando-lhes esperança, que auxiliará muito.

— Eu não sei fazer isso!

— É uma questão de treinamento. Deus nos deu inteligência para que tivéssemos discernimento ao escolher os caminhos que devemos trilhar. Pois use a sua, pense e reflita, e veja quanta necessidade há ao seu redor, esperando um auxílio. Comece por orar, primeiro pedindo perdão a Deus pelo que já fez, pedindo também que Ele a encaminhe para alguma tarefa de amor na qual possa aplicar seus dons, levando alívio aos que sofrem.

— É muito difícil o que me propõe!

O valor das experiências

— As tarefas difíceis são as mais valorizadas pelo Pai. Aquelas que vem do nosso sacrifício, do nosso esforço, aos olhos do Pai são as mais meritórias. Comece, pois, por se esforçar. Veja que passa o seu dia sem nada fazer, perdendo a preciosidade das horas. Se nada precisa realizar no seu lar, procure o que fazer fora dele, levando palavras de esperança a quem sofre, aos solitários, aos enfermos. Já imaginou se colocar sua mão na fronte de um enfermo rogando a Deus que o auxilie, a força que terão suas palavras, pelas possibilidades que possui? No mesmo instante terá junto a si alguma entidade benfazeja, pronta a auxiliar. Pense também no bem-estar que sentirá no fim de cada dia em que levar o conforto do auxílio a alguém que sofre? É a única forma de redimir-se do mal que já praticou, colocando em seu lugar o bem.

— Não será fácil! Não saberei fazer o que me pede.

— Tudo se aprende! Para quem tem inteligência e boa vontade, não há barreiras intransponíveis. Com a possibilidade que tem, a sua vontade terá muito mais força. E digo-lhe ainda que até aqui, no seu lar, a sua vida se modificará! O seu pai a verá com outros olhos e aquela reserva que existe entre vocês, pelo prejuízo que lhe levou no passado, ficará dirimida. Veja como poderá transformar a sua vida, angariando bênçãos para o seu Espírito.

— Preciso pensar!

— Eu a ajudarei enquanto estiver aqui! Conforme o esforço que notar em você, mais a ajudarei para que se transforme logo em outra Ana Maria – a que pratica o bem, a que se comove com o sofrimento alheio, a que se empenha em diminuir a dor dos que sofrem.

— Para o senhor, tudo parece fácil!

— Só sabemos se uma tarefa é fácil ou difícil se a

realizarmos. Se nos mantivermos à margem dela imaginando que não seremos capazes, nunca tentaremos e nunca saberemos. Lute, primeiro consigo mesma, e depois para auxiliar. As possibilidades você tem. Aquele que auxilia tem sempre junto de si entidades benfazejas e são felizes. Queira ser feliz, não só agora nesta existência que está vivendo, mas para sempre, sem levar para o Mundo Espiritual mais compromissos, e lute também, para desfazer os que já possui. Está em você apenas!

— O senhor é muito convincente, porém, ainda vacilo.

— Fiz o que podia para esclarecê-la e orientá-la. Mais, não posso fazer. Se entendeu o que lhe falei e quiser modificar-se, os louros serão todos seus. Ninguém pode modificar ninguém que não queira ser modificado. Se quer permanecer no mal, não se queixe depois quando tiver que sofrer pelos erros que cometeu e pelo bem que não fez.

O que mais poderia Samuel dizer a Ana Maria?

A decisão estaria com ela depois de todos os argumentos que lhe colocou, não obstante sabemos que, quando ela despertasse, não teria as palavras dele em sua mente tal qual foram proferidas.

Entretanto, se ela demonstrasse algum interesse em modificar-se, em trabalhar no bem deixando o mal que fazia, com certeza despertaria trazendo novas posturas, resultado de novos pensamentos e intenções, sem mesmo saber o que teria havido.

Ele ainda lhe deu alguns conselhos colocando-se novamente à disposição para auxiliá-la, dizendo-lhe que estaria atento e pronto para novos contatos, caso percebesse nela, ao despertar, algum novo propósito, mesmo que não soubesse o que lhe ocasionara.

O valor das experiências

Quando se despediu dela, algumas horas haviam passado e ela, imediatamente depois, correu para o corpo. Como não poderia deixar perder o que começara, ele a seguiu porque desejava tomar conhecimento dos seus pensamentos e reflexões, se realmente o que lhe dissera abalara as suas convicções anteriores.

Ele percebeu que ela não despertara tranquila. Parecia estar assustada, indagando de si para consigo: – O que teria havido? Por que me sinto assustada? O que aconteceu durante o meu sono? Não me lembro sequer se sonhei ou não! Porém, não me sinto bem, sinto-me abalada com alguma sensação, sem saber o que é!

Captando as suas indagações e estranheza, ele procurou auxiliá-la um pouco mais, fazendo-a recordar-se de algumas de suas palavras, pois, assim que começasse, as recordações se sucederiam, não como lhe foram transmitidas, mas teriam alguma influência nas decisões que Samuel esperava ela tomasse.

Ele sabia que não seria fácil, que ninguém se modifica de um momento para o outro, ainda mais tendo convicções arraigadas em seu Espírito de há tanto tempo. Mas seria também, um meio de comprovar as suas intenções, o seu esforço e auxiliá-la ainda mais.

À medida que as recordações do que acontecera lhe vinham à mente como se tivessem sido sonhos, faziam-na pensar e fazer a si mesma mais indagações.

Enfim, ela estava confusa e era um bom caminho.

A luta entre o bem e o mal é sempre muito grande, mas, quando há boa disposição, bons propósitos, o bem sempre vence, e era isso que Samuel esperava acontecesse. A semente estava lançada e era necessário fazê-la germinar e dar bons frutos.

Wanda A. Canutti pelo espírito Eça de Queirós

Assim pensando ele deixou-a entregue a seus próprios pensamentos, sem mais nenhuma interferência e foi ao encontro dos outros.

O dia colocava suas primeiras claridades e, em pouco tempo, todos estariam de volta trazendo notícias do que haviam observado e feito.

A primeira com quem se encontrou foi Marta, que havia estado com a filha e em visita ao marido. Ela contou-lhe a sua experiência da noite, dizendo que precisava dar uma assistência mais efetiva ao marido, a fim de que ele readquirisse as forças para enfrentar o que ainda deveria passar. Não as forças físicas que nessas ela não poderia interferir diretamente, mas poderia estimular nele as forças morais e espirituais para que dessas, ele próprio transmitisse ao físico um pouco mais de disposição e bem-estar, até o momento do retorno. Ela não queria vê-lo sofrer.

Samuel prometeu-lhe que, assim que seus problemas com seus netos fossem resolvidos, ela poderia permanecer com o seu marido até a hora do desenlace, que não deveria demorar muito, para transmitir-lhe coragem e forças. Poderia encontrar-se com ele diretamente quando se desprendesse pelo sono, para que o seu despertar fosse sempre mais esperançoso e menos sofrido.

Aos poucos foram retornando os que se encarregaram de Ricardo e Joana, como também o que ficara com Alexandre. Disseram que, naquela noite, haviam apenas observado sem que nada tivessem lhes falado nem se deixado ver, a fim de que nada fosse diferente do que estavam habituados a realizar.

Em relação à Joana nada foi diferente do que imaginavam. Assim que se desprendeu pelo sono, encaminhou-se para a casa de Alexandre, sem, contudo, vê-lo. Ele já ha-

O valor das experiências

via saído e estava entregue a seus próprios pensamentos e propósitos, e, segundo os que o acompanharam, não ofereceria nenhum perigo. Suas convicções eram firmes e não se deixaria levar por ela.

Ao ouvir esse relato, tão simples mas ameaçador por parte de Joana, Samuel fez um propósito. – Na noite seguinte ele se encarregaria pessoalmente dela. Estudaria o seu caráter pela forma como se portaria, e teria as palavras adequadas às necessidades mais prementes de início, mas que pudessem permanecer perenes em seu Espírito, auxiliando a modificar seus sentimentos, dando paz a Alexandre e segurança a Ricardo.

O dia transcorreu tranquilo. Ana Maria estava diferente. Nada comentara com a mãe, mas seus pensamentos giravam em torno das lembranças que Samuel colocara em sua mente, mas preocupava-se também com as vozes que haviam desaparecido por completo. Ela guardara no seu íntimo a convicção de que haviam partido, mas não sabia como nem por que a tinha.

A noite chegou oferecendo àqueles que estavam em auxílio na casa de Augusto e Anne, muitas oportunidades de trabalho. Marta fora designada para estar com Alexandre, conversar com ele, transmitindo-lhe a certeza de que estava sendo auxiliado, como todos o estavam, para que a paz reinasse entre eles como uma verdadeira família, cujos membros se amam e, acima de tudo, se respeitam. Era isso que almejavam atingir.

Do momento em que na família toda, o respeito mútuo dominasse as ações de cada um, a felicidade retornaria entre eles.

XVII

Benesses espirituais

Assim que escureceu, Samuel completou as orientações para a noite, e partiu levando um dos seus companheiros. Ele se ocuparia de Joana e seu acompanhante de Ricardo.

Somente se houvesse necessidade é que ele se apresentaria a Ricardo. O mais importante era Joana. Da atitude dela dependeria o bem-estar e a segurança do marido e dos outros familiares.

Naquela noite, para não haver muita perda de tempo, Samuel estimulou-os a que se deitassem logo, simulando para eles um cansaço que não existia mas que seria o móvel para que procurassem o descanso. E quando deitados, o repouso do sono os envolveria em pouco tempo e os dois estariam libertos para o que era necessário realizar.

Joana foi a primeira a deixar o corpo sobre o leito e, presa a ele por liames que o mantinham com toda a vitalidade para o seu retorno, ia saindo de casa quando Samuel se apresentou.

— Querida irmã! – exclamou ele interpelando-a.
— Quem é o senhor? Não me consta que o conheça!
— Não é necessário que nos conheçamos, pois o que importa são as nobres intenções com que me apresento à senhora.
— O que quer de mim?
— Precisamos conversar!
— Nada tenho para conversar com o senhor!
— Ao contrário, eu tenho muito para lhe dizer.
— Seja breve que preciso sair.
— Ir postar-se em frente à casa de Alexandre para ver se o encontra?
— Como sabe disso?
— Sabemos de tudo e é por isso que aqui estou para ajudá-la. Quero fazer raciocínios com a senhora para estimulá-la também a que pense, a fim de não estragar a sua vida nem a tranquilidade de tantas pessoas que a rodeiam.
— O que o senhor tem com a minha vida?
— Temos tudo! Somos emissários do Mundo Espiritual onde chegaram apelos para que auxiliássemos numa situação que está se formando em sua família, por sua causa.
— Não entendo o que quer dizer.
— Eu a esclarecerei. Não lhe disse que vamos fazer raciocínio? Pois bem, podemos começar!
— Não me sinto bem aqui, gostaria de sair.
— Pois eu a acompanho! Vamos ao jardim mais próximo e lá conversaremos bem à vontade.

A praça ajardinada e arborizada mais próxima de sua

O valor das experiências

casa não ficava muito distante.

Quando Samuel achou por bem se acomodarem em um banco, a conversa começou, partindo dele com uma primeira questão:

— A senhora deve lembrar-se de que estava comprometida com Alexandre, mas seu Espírito volúvel, ao ver Ricardo, imaginou que se apaixonara por ele, deixando Alexandre numa situação difícil de sofrimento porque, além de perdê-la, sua amizade com o irmão ficou abalada.

— Lembro-me bem! Faço apenas o que o meu coração manda e, naquela ocasião, Ricardo despertou mais o meu interesse.

— E o que houve agora que está se empenhando para novamente conquistar Alexandre?

— Se faço apenas o que meu coração manda, decepcionei-me com Ricardo e desejo Alexandre de volta.

— Mas nunca o terá! Já percebeu que Alexandre é uma criatura íntegra e nunca trairá o irmão por alguém que já o traiu?

— Como sabe?

— Temos o íntimo de cada um aberto a nossos olhos e ninguém há que nos diga mentiras que não saibamos.

— O que quer de mim?

— Continuemos a nossa conversa. Se nunca, nada conseguirá de Alexandre, deve prestar mais atenção ao seu marido e ver o quanto ele a ama, mas precisa ter a segurança de que também é amado.

— Mas eu não o amo mais!

— Se não o ama mais em tão pouco tempo de casados, é que, na verdade, nunca o amou. Mas como foi com ele que se casou, por sua vontade, vai voltar para ele, esquecendo Alexandre e esses seus impulsos passageiros. Amor não é o que está pensando! Quem ama não é volúvel como a senhora. Quem ama deseja a companhia do ser amado e só tem olhos para ele, apareça quem aparecer à sua volta. Se realmente amasse Alexandre, não teria se voltado para Ricardo e teriam sido felizes porque ele a amava. Mas, depois do que lhe fez, ele tem se esforçado e seus sentimentos estão apaziguados. Jamais ofenderia o irmão, atraiçoando-o, por quem não merece o amor dele. Procure viver com o que você mesma buscou e seja feliz com seu marido.

— Eu não o amo!

— Mas aprenderá a amá-lo. Ele também, como o irmão, tem muitas qualidades e não merece sofrer. Olhe para ele com os mesmos olhos que a encantaram quando o viu pela primeira vez, que aquele entusiasmo retornará e, daí para o amor, a distância é muito pequena.

— Para o senhor parece muito fácil!

— Quero ajudá-la a resguardar a sua vida dentro do que a senhora mesma escolheu.

— Qual o seu interesse nisso tudo?

— Levar a paz e a tranquilidade à casa de Alexandre. Seus pais estão preocupados receando o que pode acontecer a Ricardo, mas também, e muito mais, para preservá-la de sofrimentos futuros. Ninguém fica impune agindo levianamente como vem agindo, fazendo sofrer quem nada tem a ver com as suas inseguranças e volubilidade de atitudes.

— É isso realmente? O senhor se preocupa comigo?

— Como nos preocupamos com todos que estão à beira de um abismo, desejando se atirar nele pela própria vontade.

— É assim que julga meus sentimentos?

— Seus sentimentos, não, suas atitudes. Seus sentimentos são inconstantes, e, dessa inconstância, a senhora

O valor das experiências

vai deixando pelos caminhos muito sofrimento.

— Nunca pensei nisso! Sempre quis satisfazer a minha vontade, o meu entusiasmo, sem imaginar que, com isso, pudesse estar espalhando sofrimento.

— Essa é uma faceta do egoísmo. Pensar em si mesma antes de pensar nos outros, não se importando a quem ofende, contanto que a senhora esteja satisfeita.

— É assim mesmo que penso. É incrível como o senhor penetra fundo no meu coração, desvenda tudo o que há lá escondido, e que às vezes eu mesma me recuso a admitir.

— Como disse, faríamos raciocínios, e acredito que os tenhamos feito. A senhora tem agora elementos para suas reflexões, se é que costuma fazê-las, e, a partir de então, começar a modificar-se. Olhe para seu marido com os olhos do entusiasmo que um dia sentiu por ele, que a senhora o amará novamente. Deixe Alexandre em paz que já o fez sofrer muito. Não destrua a paz de uma família que ama seus filhos e não quer ver nenhum deles sofrer.

— Vou pensar em tudo o que me falou.

— Espero que pense ponderadamente em cada consideração que fizemos, para o seu próprio bem. Não queira ser o pivô de uma situação que poderá redundar até em desgraça.

— Compreendo agora! Vou tentar modificar-me.

— Estarei sempre pronto a ajudar. Enquanto estiver aqui, para que essa situação se resolva e possa partir em paz, deixando todos harmônicos com seus sentimentos e ações, poderá contar com meu auxílio. Meu nome é Samuel. É só me chamar com o pensamento direcionado a mim de forma intensa, que seu pedido chegará até nós e a atenderemos.

— Eu agradeço.

Wanda A. Canutti pelo espírito Eça de Queirós

— Fique, agora, na paz que o Pai deseja Seus filhos desfrutem. Há ainda algum tempo antes que o dia amanheça. Aproveite para refletir no que conversamos e peça a Deus que, ao despertar, conserve na sua memória e no seu coração a nossa conversa, mesmo que não se lembre de mim. Peça a Ele que a ajude a modificar seu íntimo para que seja feliz e não se comprometa, destruindo o próprio lar nem o de ninguém. Peça-Lhe também, que, ao despertar pela manhã, seu íntimo já esteja diferente, e as reflexões possam fazer parte dos seus dias.

— Farei isso! Agradeço o empenho do senhor em ajudar-me.

— Ajudando-a, estamos ajudando toda uma situação e evitando que males maiores ocorram.

Terminando estas palavras, Samuel despediu-se mas voltou à casa de Joana, para ver o que havia acontecido com aquele que ficara encarregado de acompanhar Ricardo.

Lá chegando, soube que seu companheiro havia se mostrado e tido uma longa conversa com Ricardo, que havia retornado ao corpo. Muito do que haviam conversado permanecera na mente dele, e agora, desperto, fazia indagações. Samuel pôde ainda perceber o que ele indagava a si mesmo.

— O que teria acontecido comigo para eu despertar trazendo tantos pensamentos? Eu que andava temeroso e inseguro quanto aos sentimentos de Joana, agora trago no coração uma esperança de que ainda vamos viver bem novamente, como quando a conheci e ela dizia amar-me...

Samuel aproveitou esses pensamentos para fortificá-los ainda mais, pois assim, quando levantasse e encarasse a esposa, não teria para com ela olhos de desconfiança, mas sim de amor.

O valor das experiências

E se ela tivesse feito as reflexões que foram recomendadas, e deixado aqueles conselhos adentrar o seu coração, também despertaria diferente. Cada um olharia o outro de modo mais terno, com esperanças de uma vida melhor, um vivendo para o outro, e tudo se acomodaria entre eles.

Samuel continuou a transmitir-lhe pensamentos de segurança quanto ao amor da esposa, e logo ela chegou.

Percebendo, Samuel não se deixou ver, porque queria observar sem que ela se sentisse constrangida, sabendo que era observada.

Ao despertar, trazia no pensamento grande parte do que fora conversado, que ele percebera pelos pensamentos que ela fizera, e ajudou-a ainda mais, intensificando cada um, para que não os esquecesse e os pusesse em prática.

Na verdade, ao despertar, ela olhou para o lado do marido, também desperto mas quieto, envolvido com seus próprios pensamentos, e Samuel percebeu no olhar dela um pouco de ternura que antes não existia. Ao mesmo tempo ela dizia de si para consigo:

— Não sei o que houve, mas desperto sentindo-me diferente. Meu íntimo parece ter tomado um banho de amor e sinto-me bem. Penso em Ricardo com ternura, e sinto que um afeto está voltando ao meu coração. O que houve para isso?

Ao perceber o que estava se passando no íntimo de Joana, Samuel ficou feliz. O trabalho que realizara estava começando a dar alguns frutos, pelo menos era o que aparentava das reflexões que ela fazia.

Por aquela primeira noite nada mais precisava ser feito. Convidando o companheiro que ficara com Ricardo, eles retiraram-se e Samuel ponderou:

— Já fizemos uma boa parte do nosso trabalho, e precisamos deixar que frutifique. Sinto que cada um despertou com novos sentimentos; destes, vêm os propósitos, e após, o amor tão necessário à vida de um casal. Quando falo em amor, refiro-me àquele sentimento que parte da alma em direção a outra alma, numa permuta de energias que impelem ao afeto, para que esse amor se solidifique. Do contrário, é apenas um entusiasmo, e este é momentâneo, passageiro.

— Tem razão irmão! Nosso trabalho deve ter sido profícuo pelo que observamos em resultados quando despertaram.

— Agora falta-nos verificar como foi o encontro de Marta com seu neto.

— Entre eles será bem mais fácil. Alexandre, mesmo sofrendo, mesmo tendo perdido o seu amor para o irmão, nada fez e nada fará para reconquistar Joana. Pela atitude dela, ele compreendeu que não valia a pena. Se lutasse e vencesse, a vitória nada significaria porque seria efêmera, e sempre o receio e a desconfiança estariam entre a esposa e ele.

Quando chegaram ao lar de Augusto e Anne, Marta já se encontrava liberada da sua obrigação. Alexandre já despertara e ela contou o que conversaram, o que ele lhe falara e até prometera, e nenhum perigo da parte dele haveria naquela situação, mesmo que Joana insistisse. Ele a amara muito, era verdade, se decepcionara e sofrera, mas nada mais queria com ela. Ainda a esqueceria por completo e encontraria alguém que o amasse sinceramente e a quem ele também amaria; formaria a sua própria família com tranquilidade e baseada no amor verdadeiro. Era o que esperava, ainda acontecesse em sua vida.

Samuel via bons prognósticos para a tarefa que vie-

O valor das experiências

ram realizar, mas ainda era prematuro abandoná-la e se retirarem. Antes disso teriam de deixar as situações bem definidas, sem que nenhum perigo rondasse a família novamente, prejudicando o bom relacionamento entre eles.

Seria necessário observá-los durante o dia para verificar em cada um novas disposições de ânimo, novos propósitos e novas condutas.

Se houver os propósitos mas as atitudes continuarem as mesmas, em pouco tempo esses propósitos se diluirão no nada e tudo voltará ao que era antes.

O trabalho com Ana Maria ainda teria que ser intensificado, como o de Joana, cada um dentro das necessidades que apresentavam.

— Nada nos resta a fazer agora senão observar, mas aquela observação que pode ajudar. O que verificarmos em cada um deles, como novos propósitos ou incertezas, caberá a nós estimular os bons, fazendo-os desistir dos que nenhum bem lhes trará. Para isso não devemos perder nenhuma oportunidade.

Assim que todas as atividades do dia começaram a ser desenvolvidas, cada um nas suas tarefas e obrigações, eles começaram também a fazer o que se propuseram.

Samuel se ocuparia de Ana Maria e Joana, os dois casos mais difíceis e complicados, mas esperava ser bem sucedido, não por si mesmo mas por elas, para que tomassem novos caminhos que as levassem a atitudes e sentimentos mais promissores e felizes.

Ana Maria, depois do encontro com Samuel, pensava bastante mas ainda não se animara a nenhuma decisão. Nada a atraía como atividade a desenvolver, mas suas palavras ainda permaneciam no íntimo dela. E agora, liberada das vozes, seu dia era insípido e difícil de passar.

Wanda A. Canutti pelo espírito Eça de Queirós

Por que não aproveitar os dons que trazia, a facilidade de lhe falar diretamente, mesmo ela estando acordada? Não foram eles utilizados para o mal? Pois agora ele mesmo os utilizaria para o bem, e ainda contaria com a ajuda de Marta para isso.

Samuel orientou-a como deveria proceder, o que deveria dizer-lhe em diversas oportunidades do dia, oferecendo-se até para auxiliá-la a conseguir uma atividade no bem para que o seu dia fosse mais feliz, e eles, juntos, começaram.

O bondoso orientador falou-lhe primeiro, estimulando-a a procurar um trabalho de auxílio, quando tantos necessitados havia sedentos de uma palavra amiga de estímulo, de uma companhia por algumas horas, para aplacar sua solidão. Lembrou-lhe dos hospitais onde o infortúnio é tão grande e onde há tantos internos sem que ninguém os visite. Samuel fazia com ela, ajudado por Marta, o mesmo trabalho que há muito tempo atrás fora realizado com Julie, a atual Anne, e dera frutos tão saborosos para o seu Espírito.

Percebendo que Marta, sozinha, poderia realizar aquela atividade de modo mais convincente, sem fazê-la irritar-se para que o trabalho não se perdesse de vez, ele deixou-as e foi para junto de Joana.

Pareceu a Samuel que ela estava bem, embora mais pensativa, mais indolente pelos próprios pensamentos que a surpreendiam.

Ricardo estava trabalhando. Depois de algum tempo de observação, ele aproximou-se e começou a intensificar cada pensamento que ela formulava. Quando se fixavam no marido, Samuel estimulava-a a avaliar suas qualidade de homem íntegro também, e que a amava, fazendo-a ponderar que fora ele que ela escolhera. E, se tal houvera, era com ele que ela deveria ficar, amando-o e procurando ser feliz, sem pensamentos e esperanças inadequadas e perigosas. Se tomasse alguma atitude impensada, o mal seria para ela mesma. Alexandre, desde que ela escolhera Ricardo, não mais a queria e já até a havia esquecido.

Samuel foi trabalhando dessa forma e, após algumas poucas horas, percebeu que ela estava mais animada. Aquela indolência pela surpresa que notava em si mesma, transformara-se em esperança de viver bem com o marido. Afinal, se insistira em trocar o irmão por ele, era porque havia visto nele qualidades, além de que também a amava.

O sentimento que, a princípio, fora imposto pelos portadores das vozes, se sedimentara em seu coração e ele amava-a por si mesmo, sem imposições.

O trabalho que realizavam estava se desenvolvendo bem e encaminhando-se para um final feliz.

Marta, tão preocupada com os apelos da filha, também via as situações difíceis se desfazerem, tomando novos rumos. Os sentimentos assentavam-se nos seus devidos lugares e, com o passar dos dias, até as fisionomias eram outras.

Cada um agia com segurança dentro do que era intuído e do que ouvia durante os encontros noturnos, e parecia que problema algum, pelo menos relativo ao que vieram solucionar, causava preocupação.

Anne nada sabia do que estava acontecendo no seu lar, além da lembrança de que andava sonhando com a mãe. Surpreendia-se até com a filha que, dois dias após a conversa esclarecedora e insistente de Samuel, e das vozes que começava a ouvir, agora com outros objetivos e transmitidas pelas entidades do bem, a procurara contando-lhe o que estava acontecendo. Que seu íntimo estava se transformando, e que ela reconhecia, passava os dias sem nada fazer e precisava realizar algum trabalho.

Como não tinham necessidade dos proventos de seu trabalho e no seu lar possuía tudo o que desejava, ela havia decidido realizar uma atividade de cunho voluntário, em algum hospital ou outro local onde pudesse ser útil.

Previa que não seria fácil, mas tentaria. Se não fosse bem sucedida no início, com o passar dos dias e a análise do que precisaria corrigir, se sairia bem.

Pedia a opinião da mãe para o que imaginava fazer, e Anne, sem perda de tempo, respondeu-lhe:

— Filha, é o trabalho mais abençoado que pode realizar. Eu mesma, se não tivesse as obrigações em nosso lar, junto de seu pai e de vocês, meus filhos, também faria um trabalho desses.

— Se assim pensa, por que não vamos juntas? A senhora tem mais experiência da vida e seria muito bom para mim.

— Na verdade, mesmo tendo as responsabilidades dentro desta casa, muito tempo me sobrará, se eu souber distribuir bem as minhas tarefas, e depois, contamos com a criada.

— Então, mamãe! Na sua companhia eu estarei mais encorajada e aprenderei como fazer.

— Preciso consultar seu pai. Se ele não se opuser, eu irei. Começaremos juntas.

— Ficarei muito feliz tendo a sua companhia e muito mais que ela, o seu estímulo no qual me apoiarei. Depois, quando estiver habituada, mesmo que não queira ir mais, eu saberei como proceder.

O valor das experiências

Ana Maria quis contar à mãe a sua decisão, mas jamais imaginou que ela tivesse tal reação.

O trabalho que já realizara um dia, em outra existência, ficara profundamente marcado em seu Espírito, que bastou uma simples menção de uma atividade semelhante, para que aquela mesma disposição de tanta utilidade há tantos anos, em outra existência, aflorasse do seu Espírito e a impelisse a realizá-lo novamente.

É sempre assim que acontece. Quando realizamos algum trabalho no bem e o fazemos com amor, são conquistas que permanecem perenes no nosso Espírito, e, quando há oportunidade, afloram novamente como tendências. É de um esforço primeiro, conquistado, às vezes, com dificuldades e sacrifício, que temos as tendências em futuras existências, porque, dos bons resultados obtidos, ficam marcas em nosso Espírito.

Por isso cada um traz muitas tendências e, as mais das vezes, é necessário sufocar algumas para novos aprendizados, a fim de que sejamos um Espírito completo, pleno de experiências em muitos campos.

Os dias foram transcorrendo e a casa de Augusto e Anne não era mais a mesma.

O trabalho durante a noite, quando se desprendiam pelo sono do corpo físico, continuou a ser realizado, e cada um notava no outro, no transcorrer do dia, atitudes diferentes e sentimentos equilibrados.

A alegria retornara ao coração de Alexandre e se refletia em suas atitudes e no seu olhar. Ele sentia no íntimo uma serenidade muito grande, resultado da paz que abrigava em si.

Ainda não se encontrara com Joana, mas, se o fizesse, seria capaz de olhar para ela como uma irmã, como a esposa de seu irmão, sem nenhuma mágoa ou ressentimento, sem nenhum constrangimento porque estava tranquilo.

Da parte de Joana aconteceria o mesmo. Tão intensamente fora trabalhada, que seus sentimentos também se modificaram. E ela olhava o marido como alguém que merecia todo o seu amor, carinho e atenções, porque o amava também e nada mais temia em relação a Alexandre. Assim como nunca mais o procurara quando deixava o corpo.

Ana Maria e sua mãe, depois da permissão de Augusto, estavam ambas desempenhando uma atividade importante num hospital, a mesma que Anne desenvolvera um dia e agora ensinava a filha que também ia tomando gosto pelo que fazia.

Do mal que fizera por tanto tempo, agora fazia o bem e estava feliz.

Tudo caminhava para uma rotina de vida que deve existir em uma família, cujos membros se amam e desejam o melhor uns para com os outros.

Marta estava feliz.

Em poucos dias mais, Samuel e seus companheiros viram o seu trabalho concluído. Nada mais precisavam fazer e partiram deixando uma família feliz e serena, segura de que naquele momento, nada mais os ameaçava em dissabores que um ou outro poderia provocar no ambiente familiar.

Marta permaneceria conforme lhe fora permitido, por mais algum tempo, até que seu marido pudesse também partir.

Samuel lhe prometera que, ao chegar o momento, ele mesmo, com os mesmos companheiros que estiveram juntos solucionando os problemas que os preocupavam, viria para auxiliá-lo a desprender-se serenamente do seu envol-

O valor das experiências

tório físico e providenciar também a sua remoção para a mesma colônia onde estagiavam.

Por todos os sacrifícios empreendidos pela união familiar, pela sobrevivência, pela retidão de caráter que sempre mantiveram, eles mereciam ficar juntos. Ela, pessoalmente, poderia estar sempre presente junto dele até que ele, por si mesmo, tivesse condições de se conduzir e depois, de realizar alguma atividade meritória em favor dos necessitados.

A forma de vida de cada um neste orbe de sofrimento, mas de tantos resgates que promovem o aprendizado e a evolução espiritual, é muito importante.

Dessas experiências bem vividas é que conquistamos o nosso passaporte para um bom lugar no Mundo Espiritual, onde recebemos o auxílio, a proteção, e onde podemos, depois, por nós mesmos, auxiliar também os que necessitam.

Se assim vivemos, se nos esforçamos para fazer o melhor, não para nós mesmos mas para os outros, sobretudo por aqueles que dependem de nós diretamente, como os nossos familiares; se os orientamos sempre para o bem, se somos honestos e esforçados, se procuramos viver sem nunca levarmos prejuízos a ninguém, nada precisamos temer nem nos preocupar. Quando a nossa hora chegar, teremos, junto de nós, para nos auxiliar, um colegiado de bons Espíritos para nos receber e nos encaminhar, a fim de que também sejamos felizes por tudo o que conquistamos.